ABNEHMEN MIT LOW CARB: VEGAN

WIE SIE VEGANE ERNÄHRUNG UND EINE LOW CARB DIÄT UNTER EINEN HUT BRINGEN, FÜR OPTIMALEN UND GESUNDEN ABNEHMERFOLG

LOW CARB GUIDES

1.Auflage 2016

ISBN: 1530184312
ISBN-13: 978-1530184316

HAFTUNGSAUSSCHLUSS

Die Inhalte dieses Buches wurden mit größter Sorgfalt erstellt. Für die Richtigkeit, Vollständigkeit und Aktualität der Inhalte können wir jedoch keine Gewähr übernehmen. Sie spiegeln die persönliche Meinung und Erfahrung des Autors wider. Der Autor übernimmt daher keine juristische Verantwortung oder Haftung für Schäden, die durch eventuelle Fehler oder kontraproduktive Ausübung durch den Leser entstehen. Dieses Buch ist eine Anleitung zu möglichen Erfolgsstrategien und keine Garantie für Erfolge. Der Autor übernimmt daher keine Verantwortung für das Nicht-Erreichen der im Buch beschriebenen Ziele. Dieses Buch enthält Links zu externen Webseiten Dritter, auf deren Inhalte wir keinen Einfluss haben. Deshalb können wir für diese fremden Inhalte auch keine Gewähr übernehmen. Für die Inhalte der verlinkten Seiten ist stets der jeweilige Anbieter oder Betreiber der Seiten verantwortlich. Die verlinkten Seiten wurden zum Zeitpunkt der Verlinkung auf mögliche Rechtsverstöße überprüft. Rechtswidrige Inhalte waren zum Zeitpunkt der Verlinkung nicht erkennbar. Eine permanente inhaltliche Kontrolle der verlinkten Seiten ist jedoch ohne konkrete Anhaltspunkte einer Rechtsverletzung nicht zumutbar. Bei Bekanntwerden von Rechtsverletzungen werden wir derartige Links umgehend entfernen.

INHALTSVERZEICHNIS

KAPITEL 1

VEGAN UND LOW CARB? – NA KLAR!

Schön, dass Sie sich für einen unserer Low-Carb Guides entschieden haben. Unsere Guides werden nicht nur von einem Autor, sondern gleich von mehreren geschrieben. Dabei handelt es sich um Experten auf ihrem Gebiet, welche außerdem von sorgfältig ausgewählten Recherchespezialisten unterstützt werden.

Dieses Buch enthält beliebte Low Carb Rezepte und bewährte Tipps, mit deren Hilfe Sie Ihr Gewicht reduzieren, Ihre Gesundheit steigern und Ihre Produktivität maximieren können.

Die Welt wird von kuriosen Diätmythen und fragwürdigen Ernährungsregeln überschwemmt. Doch was wirklich stimmt und anzuwenden ist, scheint niemand so richtig zu wissen. Es gibt die verschiedensten Strategien und Praktiken, mit denen man sein Gewicht effektiv reduzieren kann, aber für sich die Richtige zu finden kann für den ein oder anderen sicher zur Lebensaufgabe werden. Das Resultat: Die Gewichtsprobleme bleiben und das ständige Ausprobieren der verschiedensten Diäten wird schnell ermüdend. Hilflosigkeit macht sich breit.

Haben Sie auch schon unzählige dieser dubiosen Kuren

ausprobiert und sie entweder abgebrochen oder sind danach in den berühmten Jojo-Effekt geraten? Der Frust wird mit jeder Diät größer und die Angst vor Lebensmitteln steigt, da man gar nicht mehr wissen kann, was einem jetzt guttut oder nicht.

Die einzige Lösung ist eine dauerhafte und konsequente Ernährungsumstellung. Dafür bietet sich das vegane Low Carb Programm besonders an, weil es durch den Verzicht auf Kohlenhydrate und tierische Produkte schnelle und langfristige Erfolge erzielt und gleichzeitig äußerst alltagstauglich ist.

Dieses Buch bietet Ihnen alle Hilfsmittel, Rezepte und Tipps, um mit Low Carb endlich den lang ersehnten Traumkörper zu erreichen und ihn auch zu langfristig zu behalten! In den folgenden Kapiteln werden Sie beliebte vegane Low Carb Rezepte kennenlernen und Sie erfahren, mit welchen Regeln Sie selbst im Low Carb kreativ werden können.

Lassen Sie uns am besten keine Zeit verlieren. Das nächste Kapitel wird Ihnen einführend eine Übersicht der wichtigsten Regeln der veganen Low Carb Ernährung erklären.

KAPITEL 2

VEGANE LOW CARB ERNÄHRUNG (K)EIN WIDERSPRUCH IN SICH?

Der Begriff 'Low Carb' kommt aus dem Englischen und kann als 'kohlenhydratarm' übersetzt werden. Im Bereich der Ernährungswissenschaft wird dann von 'Low Carb' gesprochen, wenn die Ernährung nur aus einem geringen Anteil an Kohlenhydraten besteht. Es ist also kein vollständiger oder ganzer Verzicht auf Kohlenhydrate gemeint. Das wäre 'No Carbs'. Aber es wird eine Reduzierung, Verringerung und Einschränkung der Kohlenhydratezufuhr vorausgesetzt. Wie viele Kohlenhydrate es bei Low Carb sein dürfen, da streiten sich die Gemüter und die Meinungen der Experten gehen auseinander. Abhängig ist die Menge der Kohlenhydrate in der Nahrung natürlich auch immer von Faktoren, wie Körpergröße, Alter und Gewicht. Als Orientierung wird eine Grenze zwischen 100 bis 150g pro Tag gegeben. Somit erhält der Körper noch alle wichtigen Nährstoffe, Mineralien und Spurenelemente.

Wer sich dazu entschließt eine Low Carb Diät und Ernährungs-umstellung zu machen, der greift, zum Ausgleich, auf Fleisch, Fisch, Eier und Milchprodukte zurück. Doch was machen Menschen, die sich vegan ernähren? Denn diese verzichten auf den vollständigen Genuss tierischer Produkte und Lebensmitteln. Doch wie ist eine Low Carb Nahrungs- und Lebenseinstellung überhaupt mit einer veganen Ernährungsweise zu verbinden und vereinbar? Wie kann man sich gesund, Low Carb und vegan ernähren, ohne dem Körper wichtige Nährstoffe, Mineralien, Vitamine und Spurenelemente vorzuenthalten? Wir haben die Antwort, leckere Rezepte und noch so manch andere wissenswerte und interessante Fakten und Informationen.

Eine vegane Low Carb Ernährung ist eine bewusste und gesunde Lebensweise. Gerade die Entscheidung auf kohlehydratreiche Produkte zu verzichten, bringt gleich mehrere gesundheitliche Nebeneffekte mit sich. Welche das sind? Ganz weit vorne steht die schnelle und effektive Gewichtsreduzierung. Denn wer weniger Kohlenhydrate zu sich nimmt, bietet dem Körper nicht nur weniger 'Material' für die Bildung neuer Fettpölsterchen, sondern regt gleichzeitig auch die Energiegewinnung aus den bereits bestehenden Fettpölsterchen an. Darüber hinaus sind es vornehmlich Kohlenhydrate, die unseren Blutzuckerspiegel, sowie auch das Insulin in die Höhe schnellen lassen. Wer also auf Kohlenhydrate verzichtet, der senkt automatisch den Blutzuckerspiegel, beugt somit einem potentiellen Diabetes vor und erreicht gleichzeitig auch einen Gewichts- und Fettverlust.

Wird Low Carb dann auch noch mit einer veganen Ernährungsweise kombiniert, katapultiert man sich in den Gesundheitshimmel. Warum? Nicht nur, dass zahlreiche 'Zivilisations-krankheiten' wie Schlaganfall, Herzinfarkte, Rheuma oder Allergien auf den Verzehr von tierischen Produkten zurückzuführen sind und man diesen bei einem Verzicht aus dem Weg geht. Durch eine auf Gemüse, Obst und Nüsse fokussierte Nahrung nimmt man kaum

Cholesterin, gesättigte Fettsäuren oder selbst Kalorien zu sich. Man spornt damit seinen Körper an, möglichst effizient seine Energiereserven zu nutzen. Dazu sinkt das Risiko für Herz-Kreislauferkrankungen, Krebs sowie andere degenerative Erkrankungen. Low Carb und vegan – gesünder geht nicht!

KAPITEL 3

ALLES WAS ERLAUBT IST ... UND AUCH NICHT

Wer sich Low Carb und vegan ernährt, der wird im ersten Augenblick die Hände über den Kopf zusammenschlagen. Was soll nun auf den Teller? ... und vor allem, was kann und muss gegessen werden, damit der Körper noch mit den notwendigen und wichtigen Nährstoffen, Mineralen, Vitaminen und Spuren-elementen versorgt wirkt. Schließlich ist eine solche Ernährung nicht nur zum Abnehmen da, sondern soll zu einem besseren Wohlbefinden führen.

Fangen wir mit dem Unangenehmen an.

Worauf muss verzichtet werden?

Ganz oben auf der Liste stehen jegliche Backwaren aus Weiß-mehl oder hellen Mehlsorten, wie Brötchen, Baguette, Brot und Knabbersnacks. Wer trotzdem nicht auf seine Stulle am Morgen verzichten möchte, der kann kreativ werden und ein Low Carb Brot oder Brötchen selber backen. Gesunde und kohlen-hydratarme Mehlsorten sind u.a. Kokosmehl, mit einer angenehmen, natürlichen Süße, entöltes (!) Mandelmehl, mit einem samtig nussigen Geschmack, aber auch Leinsamen-, Soja- oder Sesammehl.

Weiters werden sämtliche Teigwaren vom Ernährungsplan ge-strichen. Keine Nudeln, Quiche, Pizza oder Pfannkuchen mehr. Doch auch hier gilt, wer kreativ ist und selbst zur Knetmaschine greift, kann sich aus einem der oben aufgeführten Mehlsorten im Handumdrehen einen schmackhaften Pizzateig oder eine Quiche zaubern.

Gezuckerte Getreideprodukte zum Frühstück fallen übrigens auch aus. Müslis und Cornflakes sind nicht nur sehr reich an Zucker, sondern sind auch hohe Kohlenhyd-ratlieferanten. Da-mit man aber nicht hungrig aus dem Haus gehen muss, finden Sie in unserem Frühstückskapitel leckere und einfache Alternativen.

Auch weißer Reis, wie sämtliche Kartoffelprodukte sind bei einer Low Carb Ernährungsweise nicht gestattet. Gerade die Kartoffel zählt zu den Lebensmitteln mit dem höchsten Anteil an Kohlenhydraten. Doch ein leckeres Püree lässt sich auch aus Blumenkohl und Brokkoli zaubern.

Naschen Sie gerne? Oh je! Da macht die Low Carb Diät Ihnen einen Strich durch die Rechnung. Aber nur einen halben. Zwar gilt es, auf die typischen süßen Verführungen, wie Kekse, Teilchen und Kuchen zu verzichten, doch wir haben eine ganze Reihe an gesunden Low Carb Rezepten ausprobiert, die eben-falls vegan sind und wirklich gut schmecken. Verzichten auf die beste Mahlzeit des Tages und für zwischendurch? Nicht mit unseren Rezepten.

Schon nervös geworden oder Zuversicht, bei allen angedeuteten Alternativen, gewonnen? Damit die Vorfreude auf das Backen, Kochen, Zubereiten und Ausprobieren noch mehr steigt, starten wir gleich mit den Lebensmitteln, die bei einer veganen Low Carb Ernährung auf keinen Fall auf dem Ernährungsplan fehlen dürfen.

Die meisten Lebensmittel sind übrigens reich an Protein, sodass man sich keine Sorgen machen muss, aufgrund von Fleisch- und Milchverzicht seinem Körper Eiweiße vorzuenthalten.

An erster Stelle steht natürlich Gemüse und Obst jeglicher Art, wie auch Salate, Algen und Sprossen. Um auf Nummer Sicher zu gehen, sollte aber auf Bananen, Birnen, Datteln, Feigen, Granatäpfeln, Rosinen und Weintrauben verzichtet werden. Wenn auch nicht vergleichbar mit anderen High Carb Lebens-mittel wie Brot, Nudeln oder Kartoffeln, so haben diese Obsts-orten doch einen sehr hohen Anteil an Kohlenhydraten. Auch beim Gemüse sind einige Ausnahmen, neben der Kartoffel, zu erwähnen. So gelten Bohnen, Buchweizen, Erbsen, gekochte Karotten, Kochbananen und Mais als besonders reich an Kohlenhydraten.

Neben Obst, Gemüse und den Hülsenfrüchten sind Nüsse, Samen und Ölsaaten nicht nur besonders gesundheitsförderlich, sondern auch sehr gering an Kohlenhydraten. Egal ob Kokos, Mandeln, Cashewkerne, Erdnüsse, Kürbiskerne, Sesam, Lein-samen oder Sonnenblumenkerne – sie alle zeichnen sich durch einen hohen Anteil an gesunden Omega 3 und 6 Fettsäuren, Proteinen, Vitamin B und E aus. Die Kürbiskerne und Leinsamen sind übrigens die absoluten Spitzenreiter, wenn es um die wenigsten Kohlhydrate pro Gramm geht. ... und ein veganes Brot aus reinem Kürbiskernmehl ist ein wahres Geschmackserlebnis.

Pilze, Tofu, Tempeh und Sojaprodukte dürfen natürlich auch nicht fehlen. Nicht nur, weil sie gut schmecken und man sich wirklich leckere Gerichte damit zaubern kann, sondern auch, weil sie Low Carb und vegan sind. Worauf noch warten? Auf die Kochmütze, fertig los!

Wie gestaltet es sich eigentlich mit Mehlalternativen? Gerade Weißbrot und Co gelten als Carb-Bomben. Doch wirklich gerne verzichtet man eigentlich nicht auf seine sonntägliche Frühstückssemmel. Muss man zum Glück auch nicht. Ebenso wenig wie auf selbst gemachte Nudeln, Pizzateig, Brot, Kuchen und Plätzchen. Alle Speisen können in einer guten und gesunden Low Carb Variante zubereitet werden.

Gerade beim Mehl existieren mittlerweile zahlreiche Alternativen, die das Backen zum wahren freudigen Vergnügen werden lassen. Möchte man also dem carbreichen und nährstoffarmen Weizenfeinmehl Typ 405 aus dem Weg gehen, greift man am besten zu Kokosmehl, Mandelmehl, andere nussbasierende Mehlalternativen, Sojamehl oder auch Johannisbrotkernmehl.

Wichtig ist es zu wissen, dass jedes Mehl andere Eigenschaften beim Backen aufweist. Bei einem, über Jahre gebackenen Roggen- oder Weizenbrot, kann nicht einfach das Mehl 1 zu 1 aus-getauscht werden. Das Brot wird niemals so werden, wie es mit dem Weizen- und Roggenmehl zuvor gebacken wurde. Der Grund liegt in der unterschiedlichen Wasseraufnahmekapazität des Mehls.

Die folgende Übersicht, gibt nicht nur Auskunft über den jeweiligen, in den wichtigsten Low Carb Mehlvarianten enthalte-nen, Anteil an Kohlehydraten, sondern auch, wie es bei Rezepten im Verhältnis zum Weizenmehl auszutauschen ist.

Die nachfolgenden Angaben beziehen sich alle auf Portionen von 100 g. Es folgen die Carb-Anteile der jeweiligen Mehlsorten. In der zweiten Spalte wird die Grammanzahl der Mehlvariante angegeben, die, anstelle von 100 g Weizenmehl, zum Backen zu verwenden ist.

	Anteil an Carbs	Relation
Weizenmehl	75 g	
Mandelmehl	3,5 g	50 g
Sojamehl	3,1 g	75 g
Süßlupinenmehl	1,2 g	100 g
Kichererbsenmehl	48 g	75 g
Kokosmehl	8,9 g	40 g
Leinsamenmehl	0,1 g	100 g
Kürbiskernmehl	5,2 g	100 g

KAPITEL 4

FRÜHSTÜCK MT ENERGIE, VEGAN UND LOW CARB IN DEN TAG STARTEN

Das Frühstück ist bekanntlich die wichtigste Mahlzeit des Tages. Sie gibt unserem noch im Schlaf befindlichen Körper und Geist den richtigen Energieboost, um die Herausforderungen des Alltags zu bewältigen. Doch was soll auf den Teller oder in die Schüssel, damit der Tag zu einem vollen Erfolg wird? Ob gesunder Frucht- oder Gemüse-Smoothie, leckeres, knuspriges Nussmüsli oder eine Scheibe selbst gebackenen Brotes aus Kürbiskernen, mit veganer Butter, Gurke und frischen Kräutern aus dem eigenen Garten.

Selbst gemachte Palmölbutter? Mit Cashewkernen oder Erd-nüssen? Selbst gemachte Marmelade aus Früchten der Saison? Low Carb, vegan und garantiert zum Abnehmen? Können wir. Können Sie! Mit unseren Rezeptideen.

Wir haben die Rezepte. Lecker. Schmackhaft. Besonders. Nährreich und gesundheitsbewusst, mit einem unmittelbaren Wohlfühleffekt und Genusserlebnis. Da purzeln die Pfunde. Da flattern die Ohren. Da erhellt sich das Gemüt ... und man geht bestimmt gesättigt, gestärkt und voller Energie aus dem Haus.

Damit der Start in den Tag auch ein guter wird. Hier die

Auswahl unserer Fröhlich-In-Den-Tag-Rezepte.

Vegane Butter Aus Rapsöl und Sojamilch

Kein Veganer muss mehr auf den Genuss schmackhafter Butter verzichten. Nicht mit diesem einfachen und sogar fettarmen Butterrezept aus Palmkernöl und Sojamilch. Die Milch kann auch gerne gegen Hanf- oder Mandelmilch ausgetauscht werden.

Nährtwertangaben:

3122 kcal

339,4 g Fett

0,45 g Eiweiß

21 g Carbs

Zutaten:

Sojamilch, ungesüßt 125 ml

Zitronensaft, frisch gepresst ½ TL

Meersalz, fein 1 TL

Rapsöl 250 ml

Soja, flüssig 2 TL

Kakaobutter 100 g

Guarkernmehl ½ TL

Ingwer, gelb optional 1/8 TL

Portionen: 1 x 500g Butterblock

Zubereitung:

Der Mixer muss her und in die Mixschüssel die Sojamilch, der Zitronensaft und das Salz. Haben sich alle Zutaten gut ver-mischt, Mixer stoppen und langsam das Rapsöl und das flüssige Soja hinzugegeben. Ohne die Mischung erneut umzurühren, für einige Zeit ruhen lassen.

Bereite währenddessen bis zu sechs Muffin-Cups vor oder zwei kleine Backformen, in die später die flüssige Butter hineingefüllt werden kann.

Nun kann die Kakaobutter in kleine Stücke geschnitten werden. Ist die Butter zuvor aus dem Kühlschrank genommen worden und konnte ein wenig weich werden, fällt auch das Schneiden leichter. Geschreddert geht übrigens auch, dann schmilzt die Kakaobutter auch schneller. Diese muss nämlich in der Mikrowelle zum Schmelzen gebracht werden. Normalerweise reichen drei Minuten aus, aber jede Mikrowelle arbeitet anders, also am besten nach Gefühl und Kontrolle die Butter zum Schmelzen bringen. Kochen soll sie jedoch nicht. Das verändert unser Endergebnis in Konsistenz und Geschmack.

Anschließend ist die flüssige Butter abzukühlen. Dazu kann

sie am besten in eine Schüssel mit kühlem Wasser gestellt werden. Hat sie eine angenehme Temperatur erreicht, fängt aber noch nicht an, wieder fest zu werden, wissen wir, die Kakaobutter ist kühl genug.

Jetzt kann die Kakaobutter in die zuvor zur Seite gestellte Schüssel gegeben werden. Auch kann jetzt das Guarkernmehl beigemischt werden. Möchte man seiner Butter einen gelb goldenen Teint verleihen, ist es jetzt auch die richtige Zeit, um den gelben Ingwer hinzugeben. Geschmacklich hat diese kleine Menge an Ingwer keine Auswirkungen. Wer den Ingwer in seiner Butter später schmecken möchte, der darf ruhig einen ganzen Teelöffel des gelben Pulvers in die Mischung geben. Jetzt darf der Mixer wieder an die Arbeit, denn die Zutaten müssen alle auf hoher Stufe vermengt werden. Wie lange? Einige Minuten, bis sich eine cremige, lockere Masse bildet. Die Butter ist emulgiert.

Jetzt heißt es nur noch, die emulgierte Butter unmittelbar in unsere zuvor bereiteten Formen zu gießen. Das muss schnell gehen, denn die Butter wird schnell hart. Trotzdem muss sie noch für ein Minimum von einer Stunde in das Gefrierfach.

Man könnte die Butter auch einfach zum Festwerden in den Kühlschrank stellen, aber um sie richtig firm und fest zu bekommen, ist das einmalige Einfrieren von Vorteil. Nach einer Stunde im Gefrierfach kann die Butter herausgenommen wer-den und auch aus den Formen entfernt werden.

Je nach Buttergebrauch können Portionen eingefroren werden und bei Bedarf genutzt werden. Ansonsten kommt die Butter zum täglichen Verzehr einfach in den Kühlschrank. Natürlich in einem luftdichten Container. Hier hält sich unsere selbstgemachte Rapsöl-Soja-Butter bis zu drei Wochen.

Schmeckt einfach nur lecker auf selbstgemachtem Low Carb Brot. Yammy!

Kokosnussbutter – Die süsse Alternative

Ein weiteres Highlight für Low Carb Veganer: Die Butter aus der Kokosnuss. Sie schmeckt leicht und doch voll, etwas kokosnussig, aber nicht süß. Sie schmilzt und eignet sich sogar zum Kochen und Anbraten. Dazu ist die Kokosnussbutter im Handumdrehen zubereitet, bedarf keiner exotischen Zutaten und hält sich auch erstaunlich lange.

Nährtwertangaben pro TL:

13,7 Kcal

0,8 g Fett

0,3 g Eiweiß

1,4 g Carbs

Zutaten:

Maismehl 75 g

Wasser, Raumtemperatur 200 ml

Wasser, heiß 175 ml

Kokosnuss, geschreddert 125 g

Sojamilch 75 ml

Zitronensaft 2 TL

Meersalz, fein 1 ¼ TL

Portionen: 1 x 500g Butterblock

Zubereitung:

Es geht wieder ans Mixen. Maismehl und 75 ml des Wassers mit Raumtemperatur langsam zusammenmixen. Verbinden sich beide Zutaten, kann das heiße Wasser hinzugefügt werden und weiter gemixt werden.

Diese Mischung auf dem Herd für 10 Minuten zum Kochen bringen oder einfach für eine Minute in die Mikrowelle stellen, umrühren und für eine weitere Minute die Schüssel in der Mikrowelle sich drehen und erwärmen lassen.

Nun kann die heiße Masse wieder in eine Mixschüssel gegeben werden. Die restlichen 125 ml lauwarmes Wasser, die geschredderten Kokosnussraspeln, Zitronensaft und Salz hinzufügen und erneut den Mixer anschmeißen. Es wird solange gemixt, bis keine Stückchen mehr von den geraspelten Kokos-nussraspeln zu sehen sind.

Schon ist die Butter fertig, kann in eine Backform gegossen werden und, wie unsere Butter aus Rapsöl, für eine Stunde in das Gefrierfach zum Härten gestellt werden. Unsere Butter aus Kokosnuss sollte nach einer Stunde eine cremige, aber firme und feste Konsistenz haben.

Ein kleiner Tipp für kulinarische Feinschmecker: Eine Scheibe selbstgemachtes Brot, Kokosbutter und mit unserem veganen Parmesankäse betreuen. Klingt ungewöhnlich? Schmeckt aber!

Wenn am Morgen jede Sekunde zählt: Das Müsli über Nacht

Ja, stimmt schon. Müsli sollte frisch und kurz vor dem Verzehr am Morgen zubereitet werden. ... und auch wenn ein gesundes Nuss- und Früchtemüsli schnell gezaubert werden kann, so fehlt einem dann doch mal am Morgen die Zeit und Ruhe, um sich ein gesundes Frühstück zuzubereiten. Dann ist es gut, wenn das Müsli über Nacht im Kühlschrank auf einen wartet.

Unsere spezielle Über-Nacht-Müsli-Variante ist nicht nur eine nussig-fruchtige Mischung, sondern enthält ebenfalls Chia-Samen. Dieses Superfood der Mayas versorgt unseren Körper nicht nur ausreichend mit den gesunden Omega 3 und 6 Fett-säuren, sondern auch mit ausreichend Eisen, Kalzium, Kalium und Antioxidantien. Außerdem binden die roh gegessenen Samen Flüssigkeit, was einen positiven Effekt auf den Wasser-haushalt des Körpers hat.

Wird das Müsli mit den Chia-Samen über Nacht in den Kühlschrank gestellt, verändert die Samenstruktur auch die Struktur der Sojamilch. Anstatt eines Früchte- und Nussmüslis, isst man vielmehr einen geleeartigen Brei. Die über die Chia-Samen gebundene Flüssigkeit nimmt weitere Nährstoffe auf und lässt sie langsamer an den Körper abgeben. Ein heimlicher Energie- und Wasserspeicher im Magen – so könnten die Chia-Samen auch bezeichnet werden.

Also, was braucht man für sein gesundes, geleeartiges, veganes Low Carb Frucht- und Nussmüsli über Nacht?

Nährtwertangaben:

884,27 kcal

73,96 g Fett

17,63 g Eiweiß

25,07 g Carbs

Zutaten:

Mandeln, gehackt 25 g

Cashewkerne, gehackt 25 g

Kokosnuss, geraspelt 50 g

Walnuss, gehackt 25 g

Sojamilch 150 ml

Chia-Samen 3 g

Frucht, Mix, gewürfelt 100 g

Portion: 1 (sehr große)

Zubereitung:

Die Zubereitung des Müslis über Nacht ist sehr einfach. Darauf achten, dass alle Nüsse in gehackter Form kommen, Zutaten zusammenmischen und ab in den Kühlschrank. Die Sojamilch kann bei Belieben auch gerne gegen Mandelmilch ausgetauscht werden. Das gleiche gilt für die Früchte. Am besten orientiert man sich an den Früchten der Saison. ... und nicht vergessen, auch wenn sie lecker sind, Bananen sind Carb Bomben!

Grüner Smoothie mit Frucht

Nichts geht schneller am Morgen als den Food-Prozessor einen gesunden Smoothie zubereiten zu lassen. Das einzige, was man machen muss, sind die Zutaten in den Prozessor zu schmeißen, auf den Knopf zu drücken und, während man langsam aus dem Land der Träume aufwacht, den Zutaten beim Vermischen zusehen. Schon kann ein frischer Smoothie genossen werden. Was braucht man alles für diesen grünen Energie-lieferanten?

Nährtwertangaben:

138,50 kcal

1,4 g Fett

1,5 g Eiweiß

13,8 g Carbs

Zutaten:

Blattspinat 250 g

Mango, frisch 100 g

Papaya 50 g

Ananas, frisch 50 g

Portionen: 1

Zubereitung:

Ab in den Prozessor. Knopf drücken. Warten. Fertig.

Rühr-Tofu – Die Low Carb Alternative zum Ei

Veganer Tofu schmeckt nicht nur gut, sondern ist auch besonders arm an Kohlenhydraten. Eine besonders raffinierte Möglichkeit den leckeren Tofu aufzupeppen und zum Frühstück zu genießen, ist ein leckeres Rühr-Tofu mit Gemüse der Saison. Wie man sich diese Leckerei zaubern kann? Das erfahren Sie hier.

Nährtwertangaben:

198,5 kcal

10,25 g Fett

23 g Eiweiß

1,05 g Carbs

Zutaten:

Tofu 500 g

Sonnenblumenkernöl 5 TL

Gemüsezwiebeln 50 g

Knoblauchzehe 3

Paprika, rot 100 g

Zucchini 100 g

Aubergine 100 g

Chilischote, rot 2

Salz, Pfeffer zum Abschmecken

Schnittlauch, Petersilie zum Garnieren

Portionen: 4

Zubereitung:

Der leckere Gemüse-Rühr-Tofu ist das vegane Rührei ... und das schmeckt am besten am Sonntag mit einem Glas frisch gepressten Orangensaft. Doch bevor man in den Genuss kommt, müssen noch ein zwei Handgriffe getan werden.

Gemüsezwiebeln und Knoblauch in feine Würfel schneiden und in der Pfanne anschmoren lassen, bis die Zwiebeln einen glasigen Ton annehmen.

Während die Zwiebeln vor sich hin braten, können die rote Paprika, die Chilischoten, Aubergine und Zucchini ebenfalls in feine Würfel geschnitten werden. Die rote Paprika verleiht dem ganzen Gericht eine angenehme Süße, während die Chilis für die richtige Schärfe sorgen.

Haben die Zwiebeln ihre Farbe geändert, können Paprika und Zucchini ebenfalls in die Pfanne gegeben werden. Die

Aubergine kann noch ein wenig warten. Sie ist ein sehr weiches Gemüse und würde mit Paprika und Zucchini zusammen nur zerkochen. Damit würden alle wichtigen Nährstoffe und Vitamine verloren gehen. Das möchten wir nicht. Also fünf bis acht Mi-nute Vorsprung für Paprika, Chili und Zucchini.

Inzwischen kann der Tofu in feine Stückchen gebröckelt wer-den. Gebröckelter Tofu nimmt die Würze und Schärfe des Gerichts wesentlich besser auf, als wenn man ihn in feine Stückchen schneiden würde.

Nun ist es Zeit für die Aubergine und den gebröckelten Tofu. Salz und Pfeffer zum Abschmecken und schon ist der Rühr-Tofu fast servierfertig. Noch schnell frischen Schnittlauch oder Petersilie aus dem Garten zupfen und den Tofu anrichten. Dazu noch eine Scheibe geröstetes selbstgemachtes Kürbiskernbrot, ein Glas frisch gepresster Orangensaft und zurück ins Bett zum wohligen Sonntagsfrühstück.

Der Rühr-Tofu schmeckt übrigens auch sehr lecker, wenn er mit ein wenig Chiliflocken und Paprikapulver verfeinert wird. Auch bei der Gemüseauswahl darf man gerne experimentieren. Tomaten und grüne Paprika sind ebenfalls eine sehr schmackhafte Kombination, aber auch Tomaten (wenn sie nicht ganz so kohlehydratlastig wären), Gemüsezwiebeln und Oliven machen ein wirklich feines mediterranes Guten-Morgen-Tofu-Frühstück.

Einfach ausprobieren und seinen kreativen Ideen freien Lauf lassen. Das ist am besten und so kann man auch jeden Sonn-tag eine andere Rühr-Tofu-Kombination genießen.

Erdbeermarmelade

Zum Frühstück darf eins nicht fehlen. Was? Die Marmelade. Hier bei uns als Klassiker: Die Erdbeermarmelade. Wir haben ein Rezept gefunden, das das Herz eines jeden Erdbeer- und Marmeladenliebhabers höher schlagen lässt.

Nährwertangaben:

181,70 kcal

3,56 g Fett

5,88 Eiweiß

27,57 Carbs

Zutaten:

Erdbeeren, halbiert 500 g

Stevia 1 TL

Wasser 2 TL

Chia-Samen 2 TL

Portionen: 1

Zubereitung:

Eine schnelle Marmelade für ein großes fruchtiges Geschmackserlebnis. Die Erdbeeren, gemeinsam mit dem Pulver aus der Stevia sowie dem Wasser zu einer breiigen Masse rühren.

Hat das Erdbeermus die richtige Konsistenz erreicht, können die Chia-Samen hinzugeben werden. Noch einmal kurz verrühren und schon ist die Marmelade fertig.

Fast!

Damit die Chia-Samen das Mus auch richtig binden und in eine geleeartige Masse verwandeln können, ist die Mischung für mindestens eine halbe Stunde in den Kühlschrank zu stellen.

30 Minuten, die sich lohnen zu warten, denn diese einfache und schnell zubereitete Erdbeermarmelade ist ein Geschmackserlebnis der besonderen Art. Fruchtig. Frisch. Einfach. Lecker.

Vor allem dann, wenn es gerade Erdbeerzeit ist und man seine Früchte frisch und selbst vom Feld gepflückt hat

KAPITEL 5

HAUPTSPEISEN FÜR DEN GROSSEN HUNGER

Vegane Low Carb Gerichte sind so vielfältig und facettenreich wie Sterne am Himmel und Sand am Meer. Man muss sich nur für das Richtige entscheiden. Wonach gelüstet es einen heute? Womit möchte man seine Freunde beim nächsten Gemeinschaftsabend überraschen?

Ein veganer Grillspieß? Low Carb Pizza? Oder doch lieber eine Vegane. Sie möge es Low Carb und frittiert? Dann versuchen Sie unsere panierten Blumenkohl-Knacker mit dem veganen Ranch-Dip, der vor frischen Kräutern nur so sprießt. Zur abendlichen Gemüseplatte gibt es dann den würzigen Spinat- und Artischockendip.

All diese Rezepte und noch einige mehr, haben wir für Sie aus-probiert und zusammengestellt. Denn eine gute Mahlzeit be-friedigt so manchen verwöhnten Gourmet-Magen und auch jeden Geist.

Kennen Sie schon unsere Brokkoli-Guacamole? Die Zwei-Pilze-Tapenade? Manicotti mit Pinienkernen, ganz sicher vegan und Low Carb. Dazu noch gesund und das perfekte Gericht zum Abnehmen. Auch ein absoluter kulinarischer Genuss ist unser Blumenkohl-Risotto mit frischer Petersilie.

... und mit welchem beginnen Sie?

Shish Kebab Vegan

Beim Grillen darf der Gemüsespieß nicht fehlen. Sicherlich sind dem kulinarischem Freigeist keine Grenzen gesetzt. Als wunderbar ausgeglichene, abwechslungsreiche Mischung hat sich unser Shish Kebab bewiesen. Hier liebkosen sich die süßen Aromen roter Paprika und die würzige Schärfe der Zwiebel, um sich vom saftig, fleischigen Champignonaroma abrunden zu lassen. Alles mit einem Hauch von Cherry-Tomate gepaart.

<u>Nährwertangaben pro Spieß:</u>

16kcal

0,18g Fett

0,69g Eiweiß

0,95g Carbs

<u>Zutaten:</u>

Paprika, rot 250 g

Squash 250 g

Zucchini 250 g

Champignons 250 g

Cherry-Tomate 150 g

Zwiebeln 250 g

Ananas 150 g

Spieße: 24

Zubereitung:

Das Gemüse in etwas größere Stücke als 'mundgerechte Happen' schneiden. Anschließend wird in einem Verhältnis zu 4 Stücke Paprika, Squash und Zucchini zu 2 Stücke Ananas, Pilze und Zwiebeln zu einer Cherry-Tomate in der Mitte. Diese Kombination hat sich einfach am schmackhaftesten von allen Varianten erwiesen.

Wer gerne den veganen Fleischersatz auf seinem Shish Spieß haben möchte, kann diesen mit noch bis zu vier Stückchen mariniertem Tofu, Tempeh oder Tofurky aufstocken. Schön verteilt zwischen Paprika und Zucchini. Besonders ansprechend ist es übrigens, wenn der Spieß symmetrisch, mittig von der Cherry-Tomate ausgehend, das Gemüse aufgespießt hat.

Sind die Shish Kebabs fertig bestückt, können sie noch mit einer leichten Salz-Öl Lauge bepinselt werden. Dann heißt es nur noch Holzkohlegrill angeschmissen, Kohle angezündet und drauf mit den Spießen. Wir raten übrigens, nicht nur aus ökologischen Gründen, davon ab, die Spieße in Alufolie zu wickeln.

Einige Male wenden und voilà, fertig ist der Gemüsegenuss. Wird der Spieß mit Tofu zubereitet, ist unser veganer Spinat-Artischocken-Dip übrigens genau die richtige Ergänzung. Glauben Sie nicht? Ausprobieren! Das Rezept dazu gibt es in unserer Snacks und Co Rezeptecke.

Jalapeño Poppers

Damit erobern Sie jedes Gourmet-Herz im Sturme. Diese gefüllten veganen Popper sind einfach ein kulinarischer Genie-streich.

Aber eine kleinere Carb Sünde sind sie dann doch. Serviert werden sie nämlich mit einem Sprenkel aus Tortilla-Chips ... und die haben es leider ein wenig in sich. Aber die Sprenkel sind wirklich nur ganz wenige. Für eine Wochenend-Carb-Sünde genau das richtige.

Nährwertangaben:

87,7 kcal

6,2 g Fett

1,7 g Eiweiß

5,2 g Carbs

Zutaten:

Jalapeños, grün 12 Stk

Veganer Käse, gerieben 500 g

Veganer Cremekäse 250 g

Tortilla-Chips 50 g

Portionen: 24

Zubereitung:

Wir beginnen mit dem länglichen Aufschneiden der Jalapeños. Die Samen werden heraus genommen und die Scheiben gewaschen. Die Samen haben einen sehr scharfen Geschmack. Möchte man seine Jalapeño-Schiffchen nicht feurig haben, so ist es wichtig, die Samen zu entfernen.

Anschließend können die Scheiben zur Seite gelegt und die Käsefüllung vorbereitet werden. Die hier vorgestellte Füllung ist übrigens eine Grundfüllung, die mit frischen Kräutern, wie Basilikum, Petersilie oder auch Rosmarin und Thymian verfeinert werden kann. Auch Paprikapulver und Chiliflocken geben der Käsemischung einen besonderen Flavor. Einfach ein wenig ausprobieren und experimentieren, wenn die Grundmischung stimmt und man mit dem Ergebnis zufrieden ist. Ganz besonders pfiffig wird die Füllung übrigens, wenn man mit 100 g Ananas arbeitet. Die Süße ist genau der richtige Kontrast zur Schärfe der Jalapeños.

Die beiden veganen Käse in einer Schüssel zusammenmischen und zu einer cremigen Masse schlagen. Ein wenig Salz, ein wenig Pfeffer und schon wird die Mischung ein wenig würziger.

Anschließend können die Schiffchen bis zum Rand gefüllt wer-den. Anschließend noch ein wenig geraspelten Parmesan und die Tortilla-Chips auf die gefüllten Schiffchen streuen und ab geht es in den Backofen oder unter den Grill.

Die Schiffchen sind fertig, wenn der Käse zerläuft und ein leichtes Braun annimmt. Voilà ... guten Appetit.

Blumenkohl-Knackers

Blumenkohl als solcher ist schon ein geschmackstarkes Gemüse, doch werden die Kohlköpfe in die panierten Knacker ver-wandelt, dann kann keiner mehr widerstehen.

Muss er auch nicht. Nicht mit der veganen und carb armen Frittierpaste. Auch wenn uns die Blumenkohlköpfe am besten geschmeckt haben, ist die Paste für jedes Gemüse geeignet.

Nährwertangaben:

400 kcal

14,5 g Fett

28,5 g Eiweiß

18,5 g Carbs

Zutaten:

Blumenkohl 1 kg

Mandelmehl 250 g

Knoblauchpulver ½ TL

Paprikapulver ½ TL

Wasser, lauwarm 125 ml

Buffalo Wing Sauce von Heinz 125 ml

Portionen: 4

<u>Zubereitung:</u>

Das längste an den Knackern ist das Frittieren selbst. Die Vor-bereitung der Paste sowie das Schneiden der Blumenkohlköpfe sind innerhalb weniger Minuten erledigt. Also fangen wir gleich damit an.

Den Blumenkohlkopf in kleine Blumenrosen schneiden und gründlich waschen. Dann zur Seite stellen und abtropfen lassen. Währenddessen kann die Paste vorbereitet werden.

Das Mandelmehl in eine Schüssel geben und mit den restlichen trockenen Zutaten vermischen. Anschließend eine kleine Mulde bilden und das lauwarme Wasser langsam hineinfüllen. Nun heißt es kräftig rühren, bis die trockenen Zutaten gemeinsam mit dem Mehl eine breiige Masse ergeben. Die Konsistenz sollte mehr flüssig als zäh sein.

Anschließend werden noch die letzten 125 ml Buffalo Wing Sauce von Heinz hinzugegeben und das perfekte Aroma ist kreiert. Ein klein wenig geschummelt, aber trotzdem ein lecke-res Gericht.

Nun die einzelnen Rosen in die Paste dippen und ab in die

Fritteuse, in der das Kokosöl bereits kocht und brutschelt.

… und wir haben sogar einen passenden Dip zu den knackigen Köpfen. Welchen? Es ist der vegane Ranch-Dip mit Sauercreme und Dill. Zu finden ist das Rezept übrigens in unserer Snack und Co Reihe.

Gemüse-Erdnuss-Pfanne

Knackiges Gemüse mit noch knackigeren Erdnüssen. Mhh! Da läuft einem das Wasser im Mund zusammen. Das ganze noch angebraten und mit einem Spritzer Sojasoße verziert. Fertig ist ein hervorragendes, füllendes und gesundes, wie veganes Low Carb Mittagessen. Schmeckt auch gut mit hausgemachter Tahini oder als Resteessen im Zucchini-Wrap.

Nährwertangaben:

230,45 Kcal

15,04 g Fett

0,85 g Eiweiß

0,37 Carbs

Zutaten:

Kohlrabi 120 g

Karotten 200 g

Brokkoli 200 g

Paprika, rot 120 g

Petersilie, frisch, gehackt 15 g

Erdnussmus 2 EL

Wasser, lauwarm 174 ml

Sojasauce 2 EL

Zitronensaft 1 EL

Stevia Prise

Gemüsebrühe ½ TL

Mandeln, ganz 10 g

Pinienkerne 10 g

Erdnussöl 4 EL

Salz Prise

Chiliflocken Prise

Portionen: 2

Zubereitung:

Eine einfache Gemüsepfanne, mit nachklingender Wirkung. Das Gemüse in mundgerechte Stücke schneiden. Die Pfanne leicht mit Öl benetzen und das Gemüse zuerst bei kleiner Hitze anschmoren. Wenn es kurz davor ist, gar und noch schön knackig zu sein, scharf anbraten. Das verleiht dem

Gemüse einen leicht rauchigen Geschmack. Sehr angenehm.

Jetzt wird das Gemüse mit Wasser abgelöscht, das löst die Flüssigkeit wie auch den Geschmack aus dem Gemüse und gibt es ab. Anschließend folgt das Erdnussmus.

Es folgen die restlichen Zutaten und Gewürze und das ganze wird noch einmal schnell zum Aufkochen gebracht.

Während des Kochens können in einer anderen Pfanne die Pinienkerne angeröstet werden. Dies am besten ohne die Beigabe von Öl oder Butter. Zwischendurch wenden und anschließend zur Seite stellen.

Denn die Pinienkerne werden als letzte Zutat kurz vor dem Servieren unter die Gemüsepfanne gehoben.

Das Gericht schmeckt auch sehr gut kalt; eingerollt in einem Wrap aus Zucchini. Ein wenig Tahini passt auch sehr gut.

Zucchini-Champignon-Kuss

Wer nicht so gerne Nuss mag, der kann sich auch schnell eine Zucchini-Champignon-Pfanne zaubern. Sie ist wesentlich deftiger und würziger, als die eher feurige Gemüsepfanne mit Pinienkernen.

Nährwertangaben:

120,30 Kcal

8,45 g Fett

5,85 g Eiweiß

8,58 g Carbs

Zutaten:

Kokosöl 2 EL

Zucchini 500 g

Champignons, frisch, braun 250 g

Porree 100 g

Salz, Pfeffer Prise zum Abschmecken

Mandelsahne 3 EL

Käseersatz 50 g

Frühlingszwiebeln 25 g

Portionen: 4

Zubereitung:

Wir beginnen für unseren Zucchini-Champignon-Kuss mit dem Schneiden und Putzen des Gemüses. Zucchini und Porree in Scheiben schneiden und bei Bedarf die Champignons halbieren.

Nun kann das Kokosöl in der Pfanne zum Schwitzen gebracht werden. Die Zucchini brauchen für die gleiche angenehme Bissfestigkeit länger als die Champignons. Deswegen werden auch zuerst ausschließlich die Zucchinischeiben angebraten. Erst nach etwa 8 bis 10 Minuten werden für maximal 5 Minuten die Champignons zugegeben.

Der Porree wird als letztes zum Andünsten mit in die Pfanne gegeben. Das lässt den Porreegeschmack sehr natürlich und intensiv. Wer die rauchige Zwiebelschärfe lieber mag, der beginnt mit dem Porree und brät ihn an. Lässt ihn dann aber an der Seite warten, um ebenfalls als letzte Zutat in die Pfanne gegeben zu werden.

Erst jetzt folgt die Mandelsahne und das Würzen. Umrühren und zusehen, wie sich das Weiß der Mandelmilch allmählich ins dunkle Braun verfärbt. Dann ist die Zeit gekommen, um die Käseschmelze unterzurühren. Ist diese komplett geschmolzen, so ist die saftig derbe Gemüsepfanne aus Zucchini und Champignon servierbereit.

Noch ein selbstgebackenes Low Carb Brötchen nach unserem Rezept aus dem Gefrierfach holen und schon ist ein wunderbares Gericht gezaubert.

KAPITEL 6

DIPS, SOSSEN UND SO MANCHERLEI

Ein jeder nibbelt gerne, wenn er in einem spannenden Krimi auf der Couch am Samstagabend versinkt. Eine gesunde Gemüseplatte mit Sticks aus Karotte, Gurke, Sellerie und Paprika mit einem schmackhaften Spinat-Artischocken-Dip, veredelt den Abend.

Manchmal darf es aber auch ein deftiger, herzhafter Snack sein. Hier verlockt der vegane gegrillte Käse. Er schmeckt übrigens auch sehr gut kalt und zum Lunch auf der Arbeit.

Auch zwei Parmesan-Rezepte haben es in unsere Auswahl der Allerleien-Schlemmereien geschafft. Denn schließlich möchten die Pesto-Nudeln auch richtig italienisch genossen werden.

Der Spinat-Artischocken-Dip

Es ist ein Artischockendip, den es so noch nicht gegeben hat. Er kommt ganz ohne Mayonnaise, was sehr untypisch und anders ist, für einen Artischockendip. Hier vereint sich der intensive salzige Geschmack der Artischocke mit der kräftigen Würze des Spinats, alles verfeinert und umhüllt mit einem guten Schuss Olivenöl. Einfach lecker.

Nährwertangaben:

1308,2 g kcal

64,50 g Fett

64,88 g Eiweiß

5 g Carbs

Zutaten:

Tofu 500 g

Artischockenherzen 500 g

Spinat 250 g

Hefe 125 g

Zwiebel 1 Stk

Knoblauchzehen 3 Stk

Zitronensaft 2 TL

Olivenöl 5 TL

Pfeffer schwarz, frisch gemahlen ½ TL

Basilikum, getrocknet 1 TL

Salz 1 ½ TL

Chiliflocken ½ TL

Portionen: 1

Zubereitung:

Ein Dip, der ein klein wenig Aufmerksamkeit und Sorgfalt in der Zubereitung bedarf. Dafür ist aber auch das Endergebnis umso überzeugender. Er schmeckt gut zu unseren Blumenkohlherzen, genauso wie zu einer einfachen Rohkostplatte. Auch als Frühstücksdip auf einer Scheibe gerösteten Low Carb Brot ist zu empfehlen. Doch zuallererst muss der Dip erst einmal zubereitet werden.

Dazu die Zwiebeln in feine Würfel schneiden und den Knoblauch zerdrücken. Er darf ruhig in seiner Schale gelassen wer-den, das soll sein Aroma intensivieren.

Pfanne mit Öl anheizen und Zwiebeln wie Knoblauch

gemein-sam anschmoren. Wenn die Zwiebeln leicht glasig werden, kann die Pfanne vom Herd genommen werden.

Während die Pfanne vor sich hin brutschelt, können die Artischockenherzen vorbereitet werden. Einfach waschen und in mundgerechte Happen schneiden. Fertig. Mit dem Zitronensaft beträufeln und fertig. Die Artischocken können für gute zehn Minuten ruhen und sich mit dem Zitronensaft paaren. Das verleiht den Artischocken einen noch intensiveren Geschmack, abgerundet mit einem leicht zitronigen Abgang.

Nun gilt es, den Tofu in kleine Würfel zu schneiden und auch den Blattspinat vorzubereiten. Anschließend können alle Zutaten gemeinsam in den Mixer gegeben werden.

Am besten bietet es sich an, wenn man mit dem Tofu, den Zwiebeln, den Knoblauch und den Gewürzen beginnt. Diese Mischung solange mit dem Mixer bearbeiten, bis eine geschmeidige cremige Masse entsteht.

Anschließend kann der Blattspinat hinzugegeben werden. Hier bietet es sich an, statt eines reinen Mixstabs die Messerblende zu benutzen, um so ein Zerkleinern des Spinates zu erreichen. Wenn sich der Dip leicht grünlich färbt, aber dennoch Spinatstücken zu erkennen sind, ist es Zeit für die Artischocken.

Wir möchten bissfeste Artischockenstücke in unserem Dip, also nur ganz kurz den Mixer seine Arbeit machen lassen und schon ist der Spinat-Artischocken-Dip fertig zum Genießen.

Noch schnell eine leckere Rohkostplatte mit Gurken,

Möhren, Paprika und Gemüse der Saison anrichten, die Radieschen nicht vergessen und einem gemütlichen Abend steht nichts mehr im Wege.

Guten Appetit!

Die Dippische Verführung – Der Ranch-Dip

Zu unseren Blumenkohl-Knackern ist der Ranch-Dip einfach unersetzlich. Was hier den Geschmacksknospen geboten wird, steht in keiner Relation. Fast schon intergalaktisch einzigartig, könnte man den Dip bezeichnen. Also, was ist zutun, um in dieses außerirdische Geschmacksvergnügen zu kommen?

Nährwertangaben:

1032,54 kcal

110,79 g Fett

9,4 g Eiweiß

4,5 g Carbs

Zutaten für 16 Portionen:

Vegane Mayonnaise 125 g

Sour Cream 75 g

Worcestersauce, vegan 1 TL

Essig 1 TL

Dill, frisch 3 TL

Schnittlauch 3 TL

Petersilie 6 TL

Cayenne Pfeffer 1 TL

Knoblauchzehe 1

Portion: 1

Zubereitung:

Ein Dip, der nicht nur gut schmeckt, sondern auch im Handumdrehen gezaubert ist. Super, wenn man unerwartet Besuch be-kommt und alle Zutaten im Haus hat. Dann ist nämlich der kleine Willkommens-Snack schnell mit einem guten Dip ser-viert. Wenn dann auch noch die Kräuter aus dem eigenen Gar-ten gepflückt werden, katapultiert man sich und seine Freunde sicherlich in eine andere Geschmacksdimension.

Mayonnaise, Sour Cream, Worcester Sauce und Essig in eine Schüsse geben und so lange umrühren, bis sich die einzelnen Zutaten gut vermengt haben. Gerade die Bindefähigkeit zwischen der Mayonnaise und dem Essig sind hier von Bedeutung.

Petersilie, Dill und Schnittlauch fein hacken und auch die Knoblauchzehe in sehr feine Würfelchen hacken. Gemeinsam mit den restlichen Gewürzen zur vorbereiten Sache geben, erneut umrühren und voilà, fertig ist der

Genuss.

Jetzt nur nicht die Blumenkohl-Knacker vergessen. Wer keinen Blumenkohl zur Hand hat, darf auch gerne ein anderes Gemüse ausprobieren. Wir haben es mit Brokkoli, Rosenkohl und ebenfalls Aubergine probiert. Hat auch gut geschmeckt.

Pesto Party

Ein Pesto ist das Schmackhafteste, mit dem man seine Low Carb Nudeln und sich selbst verwöhnen kann. Wenn die Pinienkerne ihren Geschmack entfalten und sich mit der nussigen Schärfe des Rucolas und dem weichen, samtigen Geschmack von Basilikum vermengen, ist ein jeder Gourmet gleich im kulinarischen Himmel. Einfach in der Zubereitung und schnell servierfertig. Dazu Low Carb, vegan und lange haltbar.

Nährwertangaben:

1014,40 g kcal

101,6g Fett

0,5 g Eiweiß

3,4 g Carbs

Zutaten:

Basilikum 250 g

Rucola 250 g

Pinienkerne 125 g

Knoblauchzehen 3

Chilischote ½

Olivenöl 125 ml

Hefe, Würfel 1

Zitronensaft 1 TL

Salz 1 TL

Pfeffer zum Abschmecken

Portionen: 2

Zubereitung:

Das Pesto ist ziemlich schnell zubereitet. Wir beginnen mit dem Anrösten der Pinienkerne. Diese dazu einfach in eine beschichtete Pfanne geben und für 2 bis 3 Minuten anrösten. Pinienkerne regieren ziemlich schnell auf Hitze und verfärben sich dementsprechend schnell. Wichtig ist, dass man die Pinienkerne kontinuierlich umrührt und in Bewegung hält. Bräunung erreicht? Dann zum Abkühlen zur Seite stellen.

Alle weiteren Zutaten, außer das Olivenöl, in eine Schüssel geben und zerkleinern lassen. Vermengen sich Basilikum und Rucola zu einem Brei, kann langsam das Olivenöl hinzugegeben werden. Während der Zugabe sollte der Mixer weiter laufen.

Am Ende werden die Pinienkerne hinzugegeben und der Mixer kann für eine weitere Minute seiner Arbeit nachgehen und die Pinienkerne zerhacken.

Das Pesto ist fertig. Wie, Sie haben keine Low Carb Nudeln im Haus? Kein Problem! Das Pesto schmeckt auch hervorragend auf einer Scheibe frischem Low Carb Brot, geröstetem Gemüse oder einfach gleich ins Brot einbacken. Getrocknete Tomaten passen übrigens auch gut zum Pesto.

Veganer Parmesan selbst gemacht

... und damit die Low Carb Nudeln mit unserem selbstgemachten Pesto noch reicher und besser schmecken, darf der eigene vegane Parmesankäse natürlich nicht fehlen. Ein einfaches Rezept, mit dem man jedes Low Carb Nudelgericht verfeinern kann. Schnell in der Zubereitung, einzigartig im Geschmack und mit einer Haltbarkeitsdauer, da freut sich ein jeder. ... meistens ist der selbstgemachte Parmesan aber dann doch sehr schnell aufgebraucht. Kein Wunder, wenn er so reich, fast schon rauchig und nussig gut schmeckt.

Nährwertangaben:

922,50 kcal

64,55 g Fett

2,7 g Eiweiß

1,6 g Carbs

Zutaten:

Cashewkerne 150 g

Hefeflocken 25 g

Salz 1 TL

Knoblauchpulver ½ TL

Portionen: 1

Zubereitung:

Es ist ein Streuparmesan, den wir hier zaubern. Nicht zu verwechseln also mit einem Parmesan-Käseblock. Der Parmesan zum Streuen hält sich übrigens bis zu drei Wochen, sofern er im Kühlschrank aufbewahrt wird. Was ist also zu tun?

Ganz einfach. Alle Zutaten zusammen in einen Standmixer geben und solange ihn seine Arbeit machen lassen, bis ein feines Mehl entstanden ist. Fertig.

Ziemlich einfach, oder? Hätten Sie nicht gedacht, oder? Schon probiert und überzeugen lassen, dass unser Cashewkern-Parmesan sogar eigentlich noch besser schmeckt, als das Original?

Sind die Cashewkerne übrigens naturbehandelt, behalten sie ihr ursprüngliches Aroma. Sehr nussig, aber dennoch weich und zärtlich den Gaumen liebkosend und die Geschmacksknospen streichelnd. So lecker!

Veganer Parmesan Deluxe

Mit nur einigen wenigen Handgriffen und Änderungen ist das vegane Grund-Parmesan-Rezept in die Deluxe-Variante umzuwandeln. Wie, das erfahren Sie hier. Zum einen kann ein wenig mit den Nüssen getrickst und experimentiert werden. Mandeln und Pinienkerne sind sehr gute Alternativen. Mandeln verleihen dem Parmesan einen süßlichen Beigeschmack, während Pinienkerne ein nussig-öliges Aroma haben.

Nährwertangaben:

1111,95 kcal

88,556 g Fett

17,18 g Eiweiß

4,2 Carbs

Zutaten:

Mandeln, Pinienkerne 150 g

Hefeflocken 25 g

Semmelbrösel 15 g

Salz 1 TL

Pfeffer, weiß 1 TL

Knoblauchpulver 1 TL

Portion: 1

Zubereitung:

Die Zubereitung unserer Parmesan-Deluxe-Variante ist genauso einfach zubereitet wie der Grund-Parmesan.

Einfach alle Zutaten in den Mixer schmeißen und die Nüsse so lange pürieren lassen, bis ein feines Mehl entsteht. Die Semmelbrösel geben dem Parmesan ein wenig mehr Textur. Genau-so wie der Pfeffer dem Parmesan eine angenehme Schärfe und Würze verleiht.

Natürlich wünscht man sich ein möglichst authentisches Geschmackserlebnis. Unser veganer Parmesan als Grund- und Deluxe-Rezept kommt diesem sehr nahe.

Möchte man seinen Parmesan etwas Aufpeppen, kann man dies mit Paprikapulver oder auch Kräutern der Provence schaffen. Bereitet man sich einen 'exotischen' Parmesan zu, so ist auf dessen Kombinationsmöglichkeit mit anderen Gerichten zu achten.

Der Super-Deluxe Parmesan hält sich übrigens auch bis zu drei Wochen im Kühlschrank.

KAPITEL 7

SALATE
FRISCH UND KNACKIG
...UND KÖSTLICH

Gerade im Sommer schmeckt nichts besser als ein knackig frischer Salat. Wenn sich Tomate und Gurke mit Paprika und Mais paaren, dann läuft einen nicht nur das Wasser im Mund zusammen, sondern auch die Energiereserven erfreuen sich eines Boosts. Vor allem im Bereich der Salate hat sich eine wahre vegane Low Carb Kultur entwickelt. Ob Möhre, Apfel, Rotkohl, Pinienkerne und Sojasprossen mit einer leichten Zitronen-Vinaigrette oder Rocket, Brokkoli und Tomaten angemacht mit einer schmackhaften Tahini – es gibt keine Grenzen. Wir haben eine Auswahl an köstlichen Salaten sowie einigen speziellen Salatdressings zusammengestellt, die im Frühling, Sommer, Herbst und Winter einfach schmecken, die Pfunde purzeln lassen und dazu noch sehr gesund sind.

Auch unsere hier vorgestellten Suppenrezepte sind ganz dem veganen Low Carb Prinzip, zum Abnehmen und Gesund-Ernähren, verschrieben. Egal ob eine klassische kalte Gazpacho nach italienischer Art oder Champignon-creme – hier wird jede Suppe, als Vorspeise oder Hauptgericht, zum kulinarischen Genuss.

Viel Spaß beim Ausprobieren und lassen Sie es sich schmecken.

Tahini-Dressing

Ein leichtes Dressing soll es sein? Schließlich möchte man die ungeliebten Speckpolster verlieren? Aber nicht schon wieder ein italienisches Öl-Essig-Dressing? Kein Problem, das Tahini-Dressing ist gesund, leicht, frisch und schmeckt besser als jedes gekaufte vegane Low Carb Salatdressing. Worauf noch warten?

Nährwertangaben:

410,00 kcal

74,38 g Fett

5,9 g Eiweiß

8,5 g Carbs

Zutaten:

Wasser, lauwarm 125 ml

Tahini 125 ml

Limette 1

Knoblauchzehen 2

Salz Prise

Portionen: 2

Zubereitung:

Das Dressing ist in unter fünf Minuten zubereitet. Es schmeckt besonders gut zu einem knackigen Rucolasalat mit Cherry-Tomaten und Brokkoli. Aber auch zu anderen Salat- und Gemüsekombinationen ist es eine schmackhafte Alternative zum sonst typischen veganen Low Carb Öl- und Essig-Dressing.

Den Knoblauch fein würfeln. Sehr fein würfeln und zusammen mit den anderen Zutaten in einer Schüssel vermischen. Am besten ist es, wenn der frisch gepresste Limettensaft als letzte Zutat hinzugegeben wird.

Damit die Zutaten sich auch richtig gut vermischen und zu einem cremigen Dressing werden, darf man schon mal bis zu zwei Minuten kräftig rühren. Gute Ausdauerübung und Muskeltraining.

Fertig zum Genießen! Noch Fragen?

Geraspelt, nicht geschnitten und bitte mit Apfel

Ein Klassiker wie James Bond und sein Martini. Nur dass unser geraspelter Karotten – Rote Beete – Salat mit Sojasprossen, Pinienkernen und geriebenem Apfel ein wenig nahrhafter ist als Olive und Martini - egal ob geschüttelt oder gerührt. Das einzige was hier gerührt werden muss, ist der Salat. Bei dem auch keine feinen Stäbchen von Radieschen fehlen dürfen.

Nährwertangaben:

221 kcal

15 g Fett

5 g Eiweiß

12 g Carbs

Zutaten:

Möhre 100 g

Rote Beete 100 g

Rotkohl 100 g

Radieschen 100 g

Sojasprossen 200 g

Apfel, feine Stäbchen 50 g

Pinienkerne 75 g

Cherry-Tomaten 250 g

Zitronensaft 4 EL

Salz, Pfeffer, Ahornsirup zum Abschmecken

Portionen: 4

Zubereitung:

Das Gemüse säuberlich waschen und putzen. Den Rotkohl und die Möhren fein raspeln. Am Besten so, dass man lange dünne Fäden hat. Wie man das am besten erreicht? Mit einem Schaber.

Den Rotkohl natürlich einfach schneiden. Ebenso wie die rote Beete, die Radieschen und auch den Apfel. Kleine dünne Stäbchen sind genau die richtige Form. So bleiben die Stäbchen lange frisch und knackig und geben ebenfalls ausreichend Flüssigkeit ab, um ein angenehmes Eigendressing zu kreieren.

Alles in eine große Schüssel geben. Vermengen und die Soja-sprossen unterheben. Für eine schöne Dekoration des Gerichts, wenn man seine Göttergattin oder einfach nur Freundin überraschen möchte, bietet es sich ebenfalls an, die Sojasprossen nicht in den Salt zu mischen, sondern als

Garnitur oder Salat-bett benutzen. Die Cherry-Tomaten bleiben übrigens ganz. Achten Sie auf die Größe und entscheiden Sie selbst. Es ist wichtig, dass die Cherry-Tomaten ganz bleiben und ihre Flüssigkeit sich nicht mit dem Salatdressing vermengt. Auch möchte man, dass sich der volle Tomatengeschmack erst mit dem knackigen Biss auf die gespannte Haut der Cherry-Tomaten, im Mund entfaltet und dann eine harmonische Symbiose mit den restlichen Geschmäckern eingeht. Fulminant.

Zurück zum Salat ... auch wenn alleine der Gedanke an eine solch gesunde Low Carb Alternative das Wasser im Mund zusammenlaufen lässt.

Sind alle Zutaten in der Schüssel vereint, kommt der schwierige Part: Das Würzen und Abschmecken. Zitronensaft, Salz und Pfeffer wie eine Prise Zucker helfen dabei.

Wussten Sie eigentlich, dass erst nach fünf Minute der Gewürzzugabe eine Veränderung im Geschmack feststellbar ist. Vorher haben sich die Gewürze noch nicht mit dem Gemüse vereint.

Gut umrühren und genießen.

Asiatischer Quinoa-Salat mit Cashewkernen

Die Asiaten wissen, wie man genießt. Das zeigt auch der asiatische Salat mit den Cashewkernen und dem Perureis. Hier treffen nicht nur Kulturen aufeinander, sondern auch Geschmacksaromen. Er ist schnell zubereitet, sättigt und liefert dem Körper alle wichtigen Nährstoffe, Spurenelemente und Vitamine. Ein topfit Salat, der garantiert dabei hilft die Pfunde purzeln zu lassen.

Das nussig samtige Dressing ist eine hervorragende Ergänzung zum knackigen Gemüse, das eine Bandbreite unterschiedlicher Aromen bildet.

Zutaten Salat:

Quinoa 250 g

Rotkohl 500 g

Karotten 250 g

Paprika, rot 120 g

Frühlingszwiebeln 150 g

Koriander 250 g

Cashewkerne 125 g

Zutaten Dressing:

Mandelbutter 75 g

Knoblauchzehen 2

Ingwer 10 g

Sojasauce 3 TL

Stevia, Pulver 3 TL

Wasser, lauwarm 2 TL

Apfelessig 1 TL

Sesam Öl 1 TL

Chiliflocken2 TL

Zubereitung:

Der asiatische Salt erfüllt alles, was man sich von einem solcher erträumt. Knackiges Gemüse in hauch dünne Streifen geschnitten, die sich gemeinsam in einer Schärfe und Milde ab-wechseln, dass einem fast der Atem wegbleibt. Der frische Ingwer, am besten geraspelt, sorgt für eine wirklich spritzige Frische. Feurig. Aromatisch. Schmackhaft. Lecker.

Wir beginnen mit dem Quinoa. Diesen mit zwei Tassen Salz-wasser in einem Topf erwärmen. Aufkochen lassen und an-schließend bei geringer Hitze köcheln lassen, bis das Wasser verdunstet und der Quinoa aufgequollen ist.

Normalerweise braucht dieser Vorgang um die 20 Minuten. Manchmal etwas mehr. Manchmal etwas weniger. Sie kennen das ja.

Der Quinoa kann nun erst einmal abkühlen, während das Salatdressing vorbereitet werden kann. Dazu einfach alle aufgeführten Zutaten in eine Schüssel geben und miteinander vermischen.

Ist der Quinoa abgekühlt, kann er einfach in die Schüssel mit dem Dressing gegeben werden. Beides vermischen und erneut zur Seite stellen. Denn jetzt geht es an das Gemüseschnibbeln.

Paprika und Koriander in grobe, mundgerechte Stücke schnei-den. Den Kohl und die Karotten in dünne Streifen zubereiten. Das ist schon alles.

Jetzt nur noch alle Zutaten zusammen in eine Schüssel geben, mixen und schon ist der Salat servierbereit. Frisch. Knackig. Lecker.

Eine Spargelverführung

Grüner Spargel als Cremesuppe hört sich nicht nur gut an, schmeckt auch so. Sie ist reich im Aroma und ihr intensiver Geschmack wird durch Beigabe von Cashewkernen noch unterstrichen. Ein ganz besonderer Zauber.

Die Suppe schmeckt übrigens heiß wie kalt. Mit einem Klacks veganer Sour Creme ist sie gerade an heißen Tagen eine erfrischende Abkühlung. Einfach ausprobieren und sich selbst über-zeugen lassen.

Nährwertangaben:

183,8 kcal

12,5 g Fett

23,5 g Eiweiß

3 g Carbs

Zutaten:

Spargel, grün 500 g

Zwiebel 1

Sojabutter, selbstgemacht 2 TL

Gemüsebrühe 5 Würfel

Wasser 1 l

Cashewkerne 100 g

Zitronensaft 1 TL

Portionen: 4

Zubereitung:

Den Spargel in 2 bis 3 Zentimeter große Stücke schneiden und in einem großen Topf mit dem Wasser, den aufgelösten Gemüsestockwürfeln zum Kochen bringen. Zuvor die, in kleine Würfel gehackten, Zwiebeln im Öl am Topfboden anschmoren, bis sie leicht glasig werden.

Anschließend können die weiteren Gewürze hinzugegeben werden. 15 bis 20 Minuten unter ständigem Umrühren köcheln lassen.

Nach 20 Minuten können die Cashewkerne hinzugefügt und die ganze Gemüsesuppe zu einem feinen Mus püriert werden.

Ein Spritzer Zitronensaft, eine Prise Salz und Pfeffer zum Ab-schmecken und schon ist die Spargelsuppe servierbe-reit. Ein Klecks veganer Sour Cream 'on top'. Lecker!

Ingwer, Apfel und Möhre im Kokosbad

Exotisch klingt diese Suppe mit Ingwer, Apfel und Karotte schon - und das alles in einem Bad aus Kokosmilch? Eine ungewöhnliche Kombination von Zutaten mit unterschiedlichen Aromen. Gemeinsam ergeben sie jedoch eine fruchtige, scharfe Suppe mit einem weichen kokosnussigen Abgang.

Was die exotische Kokossuppe zu einem noch größeren Renner macht, ist, dass sie auch hervorragend als kalter Gemüsebrei zu genießen ist. Selbst als Frühstücksaufstrich auf einer Scheibe Zucchinibrot ist wirklich schmackhaft.

Nährwertangaben:

397,03 kcal

28,11 g Fett

0,2 g Eiweiß

0,98 g Carbs

Zutaten:

Olivenöl 3 TL

Zwiebel 1

Knoblauchzehen 3

Ingwer, frisch 3 TL

Apfel 1

Karotten 750 g

Gemüsebrühe in Wasser 500 ml

Kokosmilch 500 ml

Muskatnuss 2 TL

Salz und Pfeffer zum Abschmecken

Portionen: 4

Zubereitung:

Wie bei jeder guten Suppe beginnen wir damit, die in kleine Würfel geschnittene Zwiebel sowie die Knoblauchzehen in Öl auf dem Topfboden anzuschmoren. Gelegentliches Wenden hilft den Prozess zu beschleunigen. Werden die Zwiebeln glasig, so kann der Ingwer hinzugefügt werden. Für eine weitere Minute alles anschmoren.

Jetzt folgen die Apfel- und Karottenscheiben. Für die Karotten bietet es sich an, dünne Fäden mit Hilfe eines Hobels vorzubereiten. 3 Minuten dürfen ausreichen, um Apfel und Möhren einen knackigen Überzug zu verleihen.

Das bindet die Vitamine und das Aroma im Gemüse.

Nun ist es Zeit für die Gemüsebrühe. Brühe zum Kochen bringen und anschließend die Suppe auf kleiner Flamme für weitere 10 Minuten köcheln lassen. Während die Suppe leicht köchelt, kann auch die Kokosmilch hinzugefügt werden.

Nach zehn Minuten Köcheln kann der Pürierstab zur Hand genommen werden, denn für unsere Apfel-Ingwer- und Karottensuppe mit Kokosmilch brauchen wir ein dickflüssiges Mus.

Hat der Blender seine Arbeit getan, kann die Suppe erneut 10 Minuten auf kleiner Flamme köcheln. Je nachdem, wie man die Konsistenz der Suppe bevorzugt, kann noch etwas Gemüsebrühe oder auch Kokosmilch hinzugegeben werden. Das macht die Suppe etwas flüssiger.

Schon ist die heiße Suppe servierbereit. In ein Glas oder Teller füllen, mit einem Spritzer Olivenöl auffrischen, eine Prise frischen Pfeffer, ein Tropfen Kokosmilch oder frischer Koriander runden das Geschmackserlebnis ab.

Die Suppe hält sich bis zu einer Woche im Kühlschrank und kann aber auch problemlos portionsweise eingefroren werden.

Vergessen Sie nicht, dass der Karotten-Ingwer-Apfel-Mix mit Kokosnuss auch gut als veganer Low Carb Brotaufstrich schmeckt. Scharf und fruchtig zugleich, abgerundet mit der Milde der Kokosmilch. Ein exotisches Experiment, das überzeugt hat.

KAPITEL 8

DESSERTS UND SÜSSES DIE HILFE GEGEN DEN SÜSSEN HEISSHUNGER

Wer kann schon der süßen Verführung widerstehen? Wer will ihr schon widerstehen? Niemand! Zum Glück kann man sich mit unseren Rezepten, vegan und Low Carb, jeder hier vorgestellten süßen Sünde hingeben.

Ob Chocolate Chip Cookies oder Kürbis-Parfaits, Zimt- und Kokosnuss Pancakes oder ein glutenfreier Protein-Wrap – schmecken tun sie alle, unsere Dessertrezepte.

Auch die Schokoladenwaffel mit veganer Vanille Eiscreme ist ein wahres kulinarisches Gedicht. Noch mit ein wenig Hasel-nüssen und dem ein oder anderen Tropfen Schokoladensauce verziert und schon ist sie servierbereit. Der Schokoladentraum in Waffelformat.

Oder wie wäre es mit gefüllten Erdbeeren? Sie fragen sich welche Füllung? Das ist eine Überraschung, die sich auf den nächsten Seiten lüften wird. Eins sei nur gesagt: die gefüllten Erdbeeren werden Ihnen und Ihren Freunden die Zunge verdrehen. Diese wird nämlich bei der zu erwartenden Geschmacks-explosion Purzelbäume schlagen und sich verknoten.

Viel Spaß beim Nachbacken, Genießen und Schlemmen.

Einfach Exotisch – Chia-Pudding-Parfait

Ein Nachtisch mit dem 'Super-Food', den Chia-Samen, kann einfach nur schmecken ... und diese Samen haben es wirklich in sich. Sie sind reich an Omega 3, Calcium und auch Antioxidantien.

Darüber hinaus sättigen die Chia-Samen ungemein. Man zehrt sehr lange von seinem Chia-Pudding-Parfait, auch wenn man am liebsten gleich ein Zweites essen möchte, weil das Parfait einfach so gut schmeckt.

Das Parfait hier kann als Grundrezept genommen werden. Den süßen Verführungen und Verfeinerungen sind keine kreativen Grenzen gesetzt. Ob mit frischen Erdbeeren vom Feld garniert oder mit einem Trauben-Nuss-Mix – das Chia-Parfait ist eine wahre Gaumenfreude.

Nährwertangaben:

209,42 kcal

13,73 g Fett

7,9 g Eiweiß

4,52 g Carbs

Zutaten:

Chia-Samen 80 g

Vegane Milch (Soja, Mandel, Kokos) 250 ml

Ahornsirup 2 TL

Vanilleextrakt ½ TL

Toppings nach Wahl

Portion: 2

Zubereitung:

Die Chia-Samen zusammen mit der gewählten Milch einweichen lassen, bis sich die Samen mit der Milch vollsaugen, auf-gehen und das freigesetzte Bindemittel die Milch zu einem Pudding verdickt.

Anschließend ist die Puddingmasse mit dem Ahornsirup und dem Vanilleextrakt zu verfeinern. Dazu einfach die zwei Zuta-ten unter die Puddingmasse heben und verrühren.

Nun heißt es noch ein wenig warten und das Chia-Samen-Parfait auf die richtige Temperatur kühlen. Zwei Stunden im Kühlschrank sind dafür ausreichend.

Fertig ist das Grund-Parfait. Jetzt gibt es zwei Möglichkeiten sein Parfait aufzupolieren. Zum einen mit dem Lieblings-topping seiner Wahl. Das können Früchte, Nüsse oder ein

Mix aus beiden sein. Auch Kokosraspeln schmecken gut.

Die andere Möglichkeit ist aber noch viel interessanter. Denn mit einem Teelöffel Kakaopulver lässt sich der Chia-Pudding in einen Schokoladenpudding verwandeln.

Also worauf noch warten, der Nachtisch will vorbereitet wer-den. Eine süße Verführung und das ganz Low Carb und vegan.

Der Käsekuchen in der Erdbeere

Oh ja! Es ist wahr! Erdbeeren gefüllt mit einer Mischung, die man sonst nur auf kohlehydratreichem Kuchenboden erwarten würde, garniert mit einer Blaubeere. Explosion der Geschmacksknospen. Bam! Diese Erdbeeren sind einfach der Wahnsinn.

Ein perfektes Dessert für Grillabende im Sommer, ein Picknick im Freien oder einfach für zwischendurch, weil sie so gut schmecken und so unglaublich wenig Kalorien haben.

Die Käsefüllung ist übrigens auch im Handumdrehen fertig und auch wenn hier als Basis Vanille vorgestellt wird, ist mit 3 TL Kakaopulver eine süße schokoladige Alternative gezaubert.

Nährwertangaben pro Beere:

56,13 kcal,

3,9 g Fett

0,17 g Eiweiß

4,25 Carbs

Zutaten Käsefüllung:

Cremekäse, vegan 250 g

Zucker 65 g

Alternativ: Stevia 1 TL

Zitronensaft ½ TL

Vanilleextrakt 1 TL

Salz Prise

Zubereitung:

Alle Zutaten in den Mixer und so lange mischen lassen, bis eine cremige Masse entsteht.

Diese anschließend für etwa 30 bis 40 Minuten im Backofen bei 190°C backen lassen. Das gibt der Käsefüllung eine unglaubliche Samtigkeit in ihrer Konsistenz und lässt die einzelnen Aromen noch eindringlicher heraustreten.

Die Käsefüllung für ein Minimum von einer Stunde abkühlen lassen. Erst dann ist sie geeignet, um in die Erdbeeren gefüllt zu werden.

Der Mix kann übrigens auch am Vorabend vorbereitet werden. Er schmeckt dann sogar noch etwas cremiger und käsiger.

Jetzt aber zu den Erdbeeren. Die Käsefüllung reicht für 15 bis 20 Erdbeeren; je nach ihrer Größe.

Zutaten:

Käsekuchenfüllung, vegan 250 g

Erdbeeren, groß 15

Blaubeeren 15

Portionen: 15-20

Zubereitung:

Drei einfache Zutaten, einige wenige Handgriffe und die gefüllten Erdbeeren sind genussbereit.

Die Erdbeeren waschen und mit einem scharfen Messer vor-sichtig die 'Köpfe' abschneiden. Je nach Erdbeere vielleicht noch ein wenig Fruchtfleiß herausschneiden, damit der Hohl-raum auch ausreichend ist und schon kann es losgehen mit der Füllung.

Halt! Noch nicht ganz. Es bietet sich an, die Erdbeeren auch ihrer Spitze zu berauben, denn so stehen sie aufrecht und man muss sich keine Sorgen machen, dass die Erdbeeren vom Serviertablett purzeln.

Also, Spitze ab und die Erdbeeren auf einen Teller drapieren. Anschließend die Käsefüllung mit Hilfe einer Spritztüte (sehr kleine Öffnung) befüllen. Mit einem hübschen Zwirbel abrunden, Blaubeere drauf und fertig.

Wer nicht so sehr auf Käsefüllung steht, kann auch seine Erd-beeren mit einer Kokoscreme oder veganem Zuckerguss füllen.

Die Nussbar mit der Beere

Als kleiner Snack oder energiereiche Bar zum Nachtisch – das ist die Nussbar mit der Beere. Genauer der Erdbeere. Die Riegel sind fruchtig-locker und haben genau den richtigen Biss.

Sie sind perfekt für den kleinen Hunger zwischendurch, nähr-reich und gesund. Ein wahrer Energielieferant, der wieder Leben in einen ausgelaugten Körper bringt.

Nährwertangaben pro Riegel:

778,21 kcal

53,03 Fett

32,8 g Eiweiß

4,53 g Carbs

Zutaten Riegel:

Mandelmehl 600 g

Ahornsirup 180 g

Alternativ: Stevia 4 TL

Backpulver ¾ TL

Salz ¾ TL

Zimt ¾ TL

Chia-Eier 2

Vanilleextrakt ¾ TL

Mandelbutter 125 g

Mandelmilch 3 TL

Zutaten Topping:

Erdbeermarmelade 180 g

Pekannuss, gehackt 250 g

Kokosflocken 125 g

Kokosöl 2 TL

Stevia 2 TL

Zimt 1 TL

Portionen: 8

Zubereitung:

Nussig. Fruchtig. Gut. Das ist unsere Erdbeerbar. Damit wir diese auch genießen können, schnell den Ofen auf 280°C vor-heizen und während dieser auf Temperatur kommt, kann der Riegelteig vorbereitet werden.

Alle trockenen Zutaten zusammen in einer Schüssel vermischen. In einer zweiten Schüssel alle restlichen Zutaten vermengen.

Ein kleiner Tipp am Rande: Das Chia-Ei. Mit dieser Bezeichnung ist eigentlich nichts anderes gemeint, als ein Teelöffel Chia-Samen vermengt mit drei Teelöffeln Wasser, die zusammen für fünf Minuten zum Aufgehen stehen gelassen werden. Die sich hier bildende Mischung wird als Chia-Ei bezeichnet. Für unsere Nussbar mit der Beere also 2 Teelöffel Chia-Samen mit 3 Teelöffeln Wasser vermengen und für fünf Minute zur Seite stellen. Dann in die Schüssel der 'feuchten' Zutaten geben und mischen.

Nun können beide Schüsselinhalte zusammen gemischt werden. Per Hand oder Mixer die Inhalte verrühren. Fertig ist der Nussbarteig.

Ein Backblech mit hohem Rand mit Backpapier auslegen und die Teigmasse gleichmäßig auf dem Blech verteilen. Es ist besser, wenn die Grundfläche kleiner, dafür der Riegel aber selbst höher ist.

Jetzt kommt das Topping.

Dafür einfach die Erdbeermarmelade gleichmäßig auf die Oberfläche des Teigs streichen. Anschließend die restliche Toppingzutaten zusammenmixen und ebenfalls über das

Blech streuen.

Jetzt wartet nur noch der mittlerweile auf Temperatur gebrachte Ofen. Für 20 bis 25 Minuten den Teig ausbacken lassen. Wird die Oberfläche zu schnell dunkel, einfach mit einem Stück Alufolie abdecken. Fertig!

Jetzt nur noch ein wenig abkühlen lassen und dann das Blech für weitere ein bis zwei Stunden in den Kühlschrank stellen. Anschließend kann der Teig in Riegel geschnitten werden. Genießen!

Tropische Verführung mit Kokosnuss und Ananas

Mit diesem Tapioka-Dessert zaubert man sich gleich in die Karibik. Nur ein Löffel der tropischen Creme und schon sitzt man am weißen Sandstrand unter Palmen und lässt es sich gut gehen. So fühlt es sich zumindest an, wenn man sich der tropischen Verführung aus Ananas und Kokosnuss hingibt.

Hier erobert man Gourmet-Herzen im Sturm. Denn er ist wirklich verführerisch, dieser Nachtisch. So fruchtig und frisch und so gesund und ohne Carbs und ganz vegan.

Ausprobieren und überzeugen.

Nährwertangaben:

134,78 kcal

11,64 g Fett

0,84 g Eiweiß

0,96 g Carbs

Zutaten Pudding:

Wasser 500 ml

Tapioka 3 TL

Kokosmilch 175 ml

Stevia ½ TL

Vanille 1 TL

Salz Priese

Zutaten Topping:

Kokosnuss, getrocknet 4 TL

Ananas, Stücke 250 g

Vanille 1 TL

Zimt ½ TL

Stevia ½ TL

Rum (optional) 2 TL

Portionen: 4

Zubereitung:

Auf in die Karibik! Noch schnell in die Küche und die karibisch tropische Verführung aus Ananas und Kokosnuss vorbereiten. Dann heißt es genießen und träumen.

Wasser zum Kochen bringen und die Tapioka hinzufügen. Einmal am Kochen, ist es ausreichend, wenn das Wasser bei kleiner Hitze köchelt. 15 Minuten braucht die Tapioka bis sie-fertig ist und ihr volles Aroma entfaltet hat. Zwischendurch das ein oder andere Mal umrühren, damit die Tapioka nicht verklebt und man erhält eine geschmeidige Tapiokamasse. Er-kennt man eine kleine weiße Perle in der Mitte der Tapiokaperle, dann ist sie fertig. Zum Abkühlen an die Seite stellen.

In einer zweiten Schüssel die Kokosmilch, Stevia, Vanille und eine Prise Salz zusammenmischen und anschließend die gesamte Mischung in die bereits gekühlte Tapiokamasse geben.

Die Mischung wird erneut auf dem Herd erhitzt. Unter Rühren für 5 Minuten weiter köcheln lassen.

Jetzt kann schon mit dem Abfüllen begonnen werden. Bereitet man seinen tropischen Nachtisch für eine Party vor, so macht er sich besonders gut in Schnapsgläsern. Also löffelweise ab mit der Kokosnuss-Tapioka-Mischung in die Gläser. Für eine Stunde in den Kühlschrank zum Festwerden.

Währenddessen kann das Topping vorbereitet werden. Dazu die geraspelte Kokosnuss kurz in der Pfanne anbraten. In einer zweiten Pfanne die Ananas mit Zimt und Vanille erhitzen und für 10 Minuten köcheln lassen.

Zum Schluss den Zucker oder alternativ die Stevia unterrühren und für weitere 10 Minuten bei kleiner Hitze köcheln lassen. Wer seinen karibischen Fruchtnachtisch mit einem Schuss Al-kohol bzw. Rum genießen möchte, der gibt den Rum zum Zucker und lässt alles für 10 Minute köcheln.

Jetzt dürften auch unsere Tapioka-Gläser abgekühlt sein. Den Ananasmix gleichmäßig über die Puddinggläser verteilen und mit den gerösteten Kokosnussraspeln verzieren.

Noch ein Minzblatt zum Garnieren und schon ist der exotisch tropische Traum fertig zum Genießen.

Kekse ohne Backen

Nährwertangaben pro Keks:

80 kcal

4,5 g Fett

1 g Eiweiß

10 g Carbs

Zutaten:

Haferflocken 60 g

Mandelmehl 75 g

Kakaopulver 10 g

Salz Prise

Backpulver ¼ TL

Stevia 10 g

Kaffee, löslich 1 ½ TL

Kokosöl 60 ml

Wasser 15 ml

Vanilleextrakt 1 TL

Portionen: 16

Zubereitung:

Kekse, die ganz ohne Backen auskommen. Will das nicht jedes Krümelmonster? Wir haben ein Mocca-Keks-Rezept gefunden, das reichhaltig den süßen Gaumen verwöhnt. Mit wenig Carbs und ganz vegan, sind die Mocca-Kekse genau das richtige, wenn es einem nach etwas Süßem verlangt und man abnehmen möchte.

Die trockenen Zutaten in einer Schüssel vermengen. Zur Seite stellen und in einer Tasse die restlichen flüssigen Zutaten vermischen.

Jetzt müssen nur noch beide Mischungen miteinander verrührt werden und zwar so lange, bis ein geschmeidiger Teig entsteht. Diesen in einer Plastiktüte für eine gute Stunde in den Kühl-schrank legen. So erhält der sehr warme und weiche Teig die richtige Textur.

Außerdem lässt der Teig sich so besser in kleine Kugeln rollen. 16 bis 20 Bälle lassen sich aus dem Grundteig formen. Erneut in den Kühlschrank und schon sind die Kekse fertig.

Ach übrigens. Backen kann man sie auch. Muss man aber nicht. Wer den heißen Keksgenuss bevorzugt, backt die Bälle als flache Taler für 10 Minuten bei 180°C. Mit

Vanillesoße verzieren und fertig ist der heiße Keksgenuss.

Eiscreme aus der Frucht der Melone

Vegane Eiscreme? Möglich! Low Carb? Auch möglich! Wie? Mit unserem Wassermelonenrezept! Eine Eiscreme, die selten so fruchtig und erfrischend schmeckt. Mit einem Blatt frischer Schokoladenminze verziert, versüßt das Wassermeloneneis jeden heißen Sommertag.

Nährwertangaben:

34,20 kcal

2,35 g Fett

2,5 g Eiweiß

5 g Carbs

Zutaten:

Wassermelone, gefroren 250 g

Minzeblätter 50 g

Stevia 1 TL

Kokosmilch 20 ml

Portionen. 4

Zubereitung:

Es ist vielmehr ein Sorbet als eine Eiscreme. Für den fruchtigen Melonengenuss muss nichts weiter gemacht werden als die gefrorenen Melonenkugeln, gemeinsam mit den weiteren Zutaten, in einen Mixer zu geben und diesen für 3 bis 5 Minuten seine Arbeit machen lassen.

Es geht vornehmlich darum, die gefrorene Melone in ein fruchtiges Sorbet zu verwandeln, das keine gröberen Stückchen mehr hat.

Die Minze kann übrigens mit in das Sorbet gegeben werden oder einfach nur als Dekoration genutzt werden. Je nachdem, wie man es lieber mag.

Mit beiden Versionen verwöhnt man sich und seinen Gaumen. Also? Ist die Melone schon ausgekratzt und zum Frieren im Froster?

KAPITEL 9

GEBACKENES GARANTIERT LOW CARB - OHNE VERZICHT – BROT, NUDELN, PIZZA UND CO

Ohne geht einfach nicht und muss auch nicht sein. Denn mit unseren hier vorgestellten Rezepten liefern wir die Grundlage zum Experimentieren und Ausprobieren.

Ein Brot ohne Carbs und dazu noch reich an Protein? Mit Mandelmehl und einem leicht süßlichen, aber doch deftigen Geschmack? Kein Problem. Haben wir.

Sie sind ein echter Nudelfan und der Verzicht auf eben diese Schlemmerei stimmt Sie traurig? Keine Sorge, wir haben ein veganes, Low Carb Rezept, das jede italienische Nudel in den Hintergrund treten lässt.

Das gleiche gilt auch für unseren veganen Low Carb Pizzateig. Mit diesen Rezepten wird die Basis dafür geschaffen, auch bei Low Carb auf nichts verzichten zu müssen.

Schließlich geht nichts über ein gemütliches Sonntagsfrühstück und da dürfen natürlich nicht die Brötchen fehlen.

Viel Spaß beim Nachbacken.

Der Low Carb Klassiker: Das Mandelbrot

Ohne Brot geht es einfach nicht. Zum Glück kommt da das saftige Mandelbrot ins Spiel. Ein sehr kompaktes Brot, das trotzdem sehr luftig und leicht ist. Aber voller Nährstoffe und sehr reichhaltig an Proteinen. Schnell in der Zubereitung und noch schneller beim Verzehr und Genuss.

Mit diesem Rezept lässt sich ein 1000 g Brot backen, das eine vierköpfige Familie gut 3 Tage lang versorgt. Es lässt sich ebenfalls einfrieren und bei Bedarf Scheibe für Scheibe genießen. Selbst getoastet ist es ein wahrer knackiger Leckerbissen.

Nährwertangaben pro Scheibe:

157,7 kcal

11,7 g Fett

7,0 g Eiweiß

9,4 g Carbs

Zutaten:

Mandelmehl 750 g

Leinsamen 250 g

Meersalz 1 TL

Backpulver 1 TL

Banane, zerdrückt 2

Apfelsauce 125 g

Apfelessig 1 TL

Portionen: 18 Scheiben

Zubereitung:

Wir beginnen damit, den Ofen vorzuheizen. 200°C sind ausreichend, um das Brot in der gewünschten Zeit durchzubacken und ihm eine schöne knackige Kruste zu verleihen.

Während der Ofen aufheizt, kann der Brotteig vorbereitet wer-den. Dazu alle trockenen Zutaten in einer Schüssel vermengen und gut miteinander vermischen. In einer zweiten Schüssel die restlichen Zutaten vermischen. Dabei ist besonders darauf zu achten, dass die Bananen wirklich ein reines Mus ergeben und keine Stückchen mehr enthalten sind.

Anschließend beide Schüsselinhalte miteinander verkneten. So lange bis der Teig schön geschmeidig ist. Dann kann er einfach in eine zuvor mit Backpapier ausgelegte Form gefüllt werden. Darauf achten, dass sich der Teig gleichmäßig verteilt und schon ist es Zeit für den Backofen.

Wer ein wenig mehr Geduld hat, kann den Teig für eine gute Stunde einfach gehenlassen. Das hilft den Zutaten, sich besser zu verbinden und den Geschmack etwas intensiver zu gestalten.

Im Ofen braucht das Brot eine gute Stunde und natürlich nicht den Holzstäbchentest vergessen, um zu prüfen, ob der Teig auch wirklich durchgebacken ist. Abkühlen lassen und servieren.

Hefebrötchen

Die perfekten Sonntagsbrötchen sind unsere Hefebrötchen. Sie ähneln ein wenig einem Focaccia. Was den Heftbrötchenteig so besonders macht, sind gleich zwei Dinge: Zum einen ist das hier vorgestellte Rezept ein wunderbares Grundlagenrezept, da das Kokosmehl gegen alle Low Carb Mehlsorten ausgetauscht werden kann. Zum anderen sind die Hefebrötchen wirklich lecker. Sie sind luftig, leicht und locker gebacken. Schmecken gut mit Erdbeermarmelade, Ranch-Dip und zu Suppen und Salaten.

Nährwertangaben:

30 kcal

1,6 g Fett

3,6 g Eiweiß

2,1 g Carbs

Zutaten:

Ahornsirup 2 TL

Wasser, lauwarm 125 ml

Trockenhefe 2 Würfel

Kokosmehl 175 g

Leinsamen 125 g

Backpulver ½ TL

Salz ½ TL

Stevia, optional 2 TL

Ener-g Eiermix, vegan 2 TL in 125ml Wasser

Portionen: 12

Zubereitung:

Ofen vorheizen. Das ist die Devise für alles gute Gebackene. So auch für unsere luftig, leichten Hefebrötchen. 220°C ist genau die richtige Temperatur. Das Blech darf währenddessen ruhig im Ofen bleiben. Backpapier drauf und abwarten.

Nein, nicht abwarten. Vielmehr gilt es, den Teig vorzubereiten. Dazu beginnen wir mit dem lauwarmen Wasser. Dieses einfach in eine Schüssel füllen und mit einem Mixstab die Trockenhefe einrühren. Ein oder zwei Minuten warten, bis sich kleine Bläschen auf der Oberfläche bilden. Dann kann der Ahornsirup hinzugegen werden.

Jetzt kann die Mischung für gut zehn Minuten erneut ruhen. Das Wasser sollte sich in dieser Zeit zu einer sehr geschmeidigen Brühe entwickeln, die ein wenig fester in der Konsistenz ist.

Anschließend können, wieder mit Hilfe eines Mixers, das Kokosmehl, die Leinsamen, das Backpulver, Stevia und Salz hin-zugefügt werden. Ein besonders gutes Ergebnis erzielt man, wenn man im Vorfeld alle trockenen Zutaten vermengt und sie als Gemisch in das Wasser einknetet.

Ganz zum Schluss folgt der Eierersatz. Damit das Brot auch auf jeden Fall vegan ist.

Jetzt wird gerührt und geknetet, bis der Teig schön samtig und geschmeidig ist. Er sollte nicht mehr an den Fingern kleben, sondern eine Konsistenz wie Gelee haben. Etwas fester viel-leicht.

Jetzt heißt es noch kurz Hand anlegen und den Teig einmal richtig schön durchkneten und fertig ist er zum Ruhen. Eine gute Stunde erzielt das beste Backergebnis.

Nach der Ruhestunde den Teig ein weiteres Mal kurz durchkneten und zu 12 kleinen runden Brötchen formen. Allen mit ei-nem Messer eine Kreuzgravur verpassen und auf dem Back-blech platzieren.

Es ist darauf zu achten, dass die Brötchen nicht zu nahe beieinander liegen, da sie ansonsten zusammenkleben könnten. Immerhin nehmen die Brötchen um 1/3 ihrer ursprünglichen Größe an Volumen zu.

30 bis 40 Minuten sind ausreichend. Dann sind die Brötchen fertig und können heiß genossen werden. Am besten mit Raps-öl-Butter und Erdbeermarmelade oder mit Kokosbutter und Raspeln.

Grundrezept: Pizza, Wrap und Co

Wow! Das ein Pizzateig so ganz ohne Korn auskommen kann, hätten Sie nicht gedacht, oder? Geht aber und zwar wunderbar. Ein Teig aus gepresster Zucchini, Chia-Samen und mehr ist die richtige vegane Low Carb Grundlage für jede schmackhafte Pizza. Aber auch als Wrap gefüllt mit Tahini, frischem Blattsalat und dem Lieblingsgemüse, ist es die richtige Grundlage.

Also, wie funktioniert dieses Wunderrezept doch gleich? Hier erfahren Sie wie. Muss noch erwähnt werden, dass dieser Pizzateig wirklich schmackhaft ist? Eigentlich kann er sogar pur mit ein wenig unserer Rapsöl - Soja - Butter gegessen und genossen werden.

<u>Zutaten:</u>

Zucchini 250 g

Himalaja Salz 20 g

Chia-Gel 300 ml

vegane Pizzaschmelze 170 g

Mandelsahne 80 ml

Hefe 1 Würfel

Kräutermischung, frisch nach Blieben

Portion: 2 große Pizzen

Zubereitung:

Wir beginnen mit dem Raspeln der Zucchini. Die Schale darf gelassen werden. Darunter sind immerhin die meisten Vitamine. Anschließend die Raspeln in einer Schüssel mit Salz bestreuen und für gut 15 Minuten ziehen lassen. Das Salz zieht der Zucchini die Flüssigkeit, konserviert und intensiviert aber den Geschmack.

Während die Zucchini sich das Wasser ziehen lassen, kann der Ofen auf 180°C vorgeheizt werden und die Chia-Samen mit einem Handmixer kurz aufgeschlagen werden. Ist das Chia-Samen-Gel locker, kann die Sahne hinzugefügt werden. Die Mischung sollte leicht cremig werden. Anschließend folgen der Käse, die Hefe und die frischen Kräuter.

Je nach Belieben, persönlichem Geschmack und Saison können nun frische Kräuter beigegeben werden. Thymian, Petersilie, Salbei, Schnittlauch oder Rosemarin. Probieren Sie es einfach aus.

Jetzt geht es zurück zur Zucchini und dieser an den Kragen. Genauer: So gut es geht, sämtliche Flüssigkeit aus den Raspeln auspressen. Je trockener die Raspeln sind, desto besser wird das Endergebnis. Es sollte nicht mehr als eine Handvoll an Raspeln sein. Diese können nun auch in die Mischung gegeben werden.

Einmal noch gut durchkneten. Mit Hand oder Mixer. Wie es

einem beliebt und schon ist der Teig fertig.

Diesen jetzt auf einem Backblech ausrollen. Auch der Backofen dürfte mittlerweile seine Temperatur erreicht haben. Es folgen mehrere Backdurchläufe. Zuerst 30-40 Minuten, dann kann das Blech aus dem Ofen genommen werden. Den Teig nun in Stücke schneiden, wie man ihn später genießen möchte.

Die Stücke werden nun umgedreht und erneut backen. 10 bis 15 Minuten sollten diesmal ausreichen. Je nachdem wie weich bzw. hart man seinen Teig haben möchte, kann die Backzeit verkürzt oder verlängert werden.

Wer den Basisteig als Wrap haben möchte, nutzt einen eher weichen Teig. Für die Pizzabase kann der Teig ruhig fünf bis zehn Minuten verlängert werden.

Soll der Teig als Grundlage für Pizza verwendet werden, kann er unmittelbar nach seiner längeren Backzeit mit den gewünschten Zutaten belegt werden und erneut in den Ofen geschoben werden.

Der Zucchiniteig hält sich zwei bis drei Tage im Kühlschrank. Eignet sich aber auch hervorragend zum Einfrieren. Was aller-dings selten notwendig wird, weil er viel zu gut schmeckt, als im Kühlschrank oder Gefrierfach zu liegen.

Aubergine Pizza-Base

Warum muss ein Pizzateig immer aus Mehl bestehen? Muss er nicht, denn wir haben einen schmackhaften Teig aus Aubergine entwickelt, der nicht nur dem Low Carb Prinzip entspricht, sondern auch vegan ist.

Gut, so ganz ohne Mehl kommt der doch nicht aus. Aber mit der Low Carb Kichererbsen-Variante zaubert man sich nicht nur einen Low Carb Pizzateig, sondern auch noch einen gesunden Teig für die knusprige Verführung.

Hier muss keiner mehr auf den Klassiker aus Italien verzichten. Aber psst! Pizza mit unserem Aubergine Teig schmeckt eigentlich noch viel besser.

Was also braucht man für diese kulinarische Kreation?

<u>Nährwertangaben:</u>

669,15 kcal

13,65 g Fett

39,6 g Eiweiß

82,0 g Carbs

Zutaten:

Aubergine 550 g

Kichererbsenmehl 400 g

Meersalz 1 TL

Olivenöl 5 EL

Thymian, frisch 1 ½ TL

Knoblauchzehe 2

Paprikapulver 2

Kräuter der Provence 1 EL

Pfeffer, schwarz zum Abschmecken

Portionen: 2

Zubereitung:

Ein einfaches Rezept, das im Handumdrehen die perfekte Grundalge für jede Pizza bietet. Ofen auf 200°C vorheizen und mit den Vorbereitungen für den Teig anfangen.

Wir beginnen mit der Aubergine. Diese einfach in mundgerechte Stücke würfeln und gemeinsam mit dem Olivenöl leicht an-braten. Das lässt die Aromen der Aubergine sich entfalten. Der Thymian kann ebenfalls mit in die Pfanne zum Anbraten gegeben werden.

Am besten ist es, wenn der Thymian frisch als kleiner Zweig kommt, dann kann er einfach während des Bratens in der Pfanne liegen und anschließend wieder herausgenommen werden. Wer gerne ein intensives Thymianaroma bevorzugt, der kann auch die frischen Thymianzweige fein zerhacken.

Alternativ können auch die Auberginenstückchen für 20 Minuten im Backofen gebacken werden. So erhält man ein angenehm mediterranes Aroma. Nach 10 Minuten die Aubergine einmal umrühren und bei Bedarf mit ein wenig mehr Olivenöl bestreichen.

Ist die Backzeit vorbei, können die Auberginenstücke abkühlen. Anschließend können die Stücke gemeinsam mit den restlichen Zutaten in einen Mixer gegeben und zu einer feinen Masse pürieren werden.

Das Kichererbsenmehl übrigens nicht hinzugeben, das folgt erst, wenn man bereits das Auberginepüree hat. Aubergine und Kichererbsenmehl müssen gut geknetet werden, bis der Teig geschmeidig ist und man keinen Unterschied mehr zwischen Mehl und Gemüse machen kann.

Am Ende möchte man eine kleine, feste Teigkugel haben. Die Kugel auf einem mit Backpapier ausgelegtem Blech platzieren, eine weitere Schicht Backpapier oben drauf und mit dem Nudelholz ausrollen. Das obere Papier abziehen und fertig ist der Teig.

Jetzt muss nur noch die Pizza belegt werden. Mit schmackhafter Tomatensoße mit Kräutern der Provence und anschließend mit jedem Gemüse, das man sich nur wünschen und vorstellen kann.

Der Pizzateig kann bis zu drei Tage im Kühlschrank gehalten werden. Um gut durchzubacken, braucht die belegte Pizza gut 12 Minuten bei 200°C.

KAPITEL 10

AUF GEHT'S ZUM TRAUMKÖRPER!

Sie haben nun die besten und kreativsten Rezepte der Low Carb Küche kennengelernt, die bereits vielen Menschen bei ihrer Ernährungsumstellung geholfen haben.

Wir haben Ihnen eine ganze Menge sündenfreier Köstlichkeiten vorgestellt, die nicht nur den Alltag schmackhaft machen, sondern auch mit den veganen Idealen zu 100% konform gehen und den Umstieg auf Low Carb garantiert spielend leicht machen. Dabei ist es ganz egal, ob Sie Anfänger, Fortgeschrittener oder Profi der Low Carb Küche sind. Die vorgestellten Rezepte kann wirklich jeder nachkochen.

Wir hoffen sehr, dass wir Ihr Leben mit den Tipps, die wir Ihnen in diesem Buch gegeben haben, verbessern konnten und würden uns sehr über eine Rezension auf Amazon freuen, wenn Ihnen das Buch gefallen hat.

Wir wünschen Ihnen viel Erfolg beim Ausprobieren! Schlemmen Sie mit gutem Gewissen und garantiert vegan, aber vergessen Sie dabei nie die Low Carb Regeln, um endgültig Ihr Wunschgewicht zu erreichen. Wir wissen, dass auch Sie es schaffen können, genauso wie bereits viele Menschen vor Ihnen!

1.Auflage 2016

Lars Tiefel
Libanonstr. 85
70186 Stuttgart

14301801R00073

Printed in Poland
by Amazon Fulfillment
Poland Sp. z o.o., Wrocław